我校实验室考古项目得到唐仲英基金会大力支持，
谨表谢忱！

精致考古

山东大学实验室考古项目论文集（一）

方辉 朱磊 主编

科学出版社
北京

内 容 简 介

实验室考古与文物保护，相较传统的田野考古发掘而言，具有其独有的优势——把文物保护工作前置于考古第一现场，把考古发掘、文物保护融为一体，为考古发掘和遗迹文物资料的整理提供最适宜的环境和技术支持，做到环境可控、时间可控、节奏可控，实现全方位发掘与即时研究。本书是国家级考古实验室示范单位——山东大学考古教学实验中心的最新研究成果集结，系统公布实验室考古与文物保护研究成果，以期为文物保护、科技考古、遗迹遗物展陈展示等方面的研究提供最新的学科资料。

本书适合对实验室考古、文物保护科技感兴趣的专家学者及社会人士参考、阅读。

图书在版编目（CIP）数据

精致考古：山东大学实验室考古项目论文集（一）/方辉，朱磊主编. -- 北京：科学出版社，2024.6. -- ISBN 978-7-03-078928-0

Ⅰ. K851

中国国家版本馆CIP数据核字第2024ZT2938号

责任编辑：郑佐一 / 责任校对：张亚丹

责任印制：张 伟 / 书籍设计：金舵手世纪

科学出版社 出版

北京东黄城根北街16号

邮政编码：100717

http://www.sciencep.com

北京汇瑞嘉合文化发展有限公司印刷

科学出版社发行 各地新华书店经销

*

2024年6月第 一 版　开本：787×1092　1/16

2024年6月第一次印刷　印张：13 3/4

字数：340 000

定价：218.00元

（如有印装质量问题，我社负责调换）

目录

山东大学室内考古发掘与文物保护实验室简介 1

山东大学实验室考古学科建设及其意义
    方辉　杜金鹏 10

从野外走向室内
    朱磊　唐仲明　王庆铸 18

实验室考古研究综述
    朱磊 25

山西翼城大河口墓葬M6043、M5010实验室考古项目 40

研究

山西翼城县大河口两座西周墓葬出土人骨的鉴定
    赵永生 96

山西翼城大河口墓地M5010和M6043出土红色粉末鉴定报告
    董豫　朱磊　王强　李存信　方辉 102

山西翼城县大河口西周墓地M6043纺织品土壤印痕残留物鉴定
    李力　朱磊　谢尧亭 107

大河口西周墓地M6043出土釉砂珠饰的科学分析研究
　　刘勇　王颖竹　陈坤龙　梅建军　马泓蛟　李存信　朱磊　谢尧亭……119

大河口西周墓地M5010出土锻造铜饰的技术特征及其相关问题
　　刘勇　王颖琛　陈坤龙　梅建军　王璐　李存信　朱磊　谢尧亭………132

湖北京山苏家垄墓葬M88实验室考古工作项目……143

研究

湖北京山苏家垄墓葬M88透闪石玉物相构成及沁蚀演化机理新解
　　王云鹏　刘芳志　王传昌　马清林……………………………………155

Research

Distribution and diversity of organisms in tomb soil excavated in the laboratory: a case study of tomb M88 from Sujialong Cultural Property, China
　　Zhu Lei　Fang Qin　Li Tianxiao……………………………………175

检测

湖北京山苏家垄墓葬M88出土纺织品印痕检测报告
　　郑海玲……………………………………………………………………200

湖北京山苏家垄墓葬M88土样样品分析报告
　　姚娜………………………………………………………………………207

山东大学室内考古发掘与文物保护实验室简介

山东大学室内考古发掘与文物保护实验室建成于2013年，最初地点设置在山东济南兴隆山校区工程训练中心114房，是全国高校中第一座专业室内考古实验室，主要负责在室内进行考古遗存的发掘、整理、保护、教学和科研。共发掘清理墓葬四座，分别是来自山西翼城大河口西周墓地的M6043和M5010，以及河南舞阳贾湖遗址的M58和M87（图1～图3）。同时还清理了舞阳贾湖墓地的龟甲、陶壶等随葬品遗迹4处，以及山东邹

图1 大河口M6043运进实验室

图 2　贾湖 M58 现场保护

图 3　贾湖 M87 翻箱发掘

图 4　邾国故城钱窖室内清理

城邾国故城灰坑 H273 中出土的西汉钱窖（图 4）。《山西翼城大河口 M5010、M6043 实验室考古简报》及部分研究成果（《大河口西周墓地 M5010 出土锻造铜饰的技术特征及其相关问题》《大河口西周墓地 M6043 出土釉砂珠饰的科学分析研究》）已于 2019 年正式发表。

为了实验室考古工作的进一步开展，山东大学室内考古实验室于 2017 年 11 月搬迁至青岛校区博物馆大楼地下 3 号实验室（图 5）。

搬迁后的室内考古实验室面积超过 300 平方米，挑高超过 9 米。充足的空间条件进一步保证了发掘工作的顺利开展，带有新风系统的中央空调配合大型加湿机，对环境温湿度的操控性也更加高效。

实验室配有核载 10 吨的电动航车和载重 20 吨的液压升降机，墓葬在室内的运输和翻转将会更加的安全和便捷（图 6、图 7）。除了之前配备的翻转车、运转车、体视显微镜、单反相机等设备之外，还添置了金相显微镜、三维打印机、三维扫描仪、图形工作站、液压升降平台车、保险柜，以及能够精准掌控温湿度的伸缩帐篷。更加开阔的室内发掘空间，优良的基础设施

图 5　青岛校区的室内考古实验室

图 6　核载 20 吨的液压升降机　　　图 7　核载 10 吨的电动航车

条件，日臻成熟的室内发掘与保护工作人员培养和工作体系，都为山东大学室内考古发掘与文物保护实验室的发展提供了良好的基础，也为更好地服务省内外室内考古工作做好了准备。

目前，青岛校区室内考古实验室已经投入使用，并承接了湖北京山苏家垄遗址春秋时期芈克墓葬M88棺区土体、山东寿光明代湿尸墓葬、湖北随州汉东东路墓葬M85、湖北随州枣树林M168、M169（曾侯宝及夫人芈加墓）中重要遗存等众多实验室考古项目（图8、图9）。

图8　实验室考古发掘现场

图9　苏家垄墓葬M88棺区遗迹现象及随葬品

一、湖北京山苏家垄墓葬 M88

苏家垄墓葬 M88 棺区土体的室内清理工作已经基本完成，发掘出土了一批精美的玉器，为春秋时期贵族妇女的衣饰研究提供了重要的实物参考。尤其是墓主人的头饰由近一百片犬牙形的玉片构成，结构复杂、形制独特，实属罕见。

此次的实验室发掘引起了中央电视台《探索发现》栏目组的兴趣，发掘过程同步拍摄录制了 2019 年《考古进行时》第二季《苏家垄古墓实验室发掘纪实》（图10）。

图10　2019年《考古进行时》第二季《苏家垄古墓实验室发掘纪实》

墓主人为曾伯桼的夫人芈克。由于室内发掘非常精细，将棺区土体清楚地分出了 8 层（图11），这在田野考古是几乎不可能做到的事情，对了解春秋时期的棺椁埋葬制度具有重大的意义。

发掘简报的初稿已经撰写完成，并同时产出了系列检测研究成果，目前均处在待刊阶段。

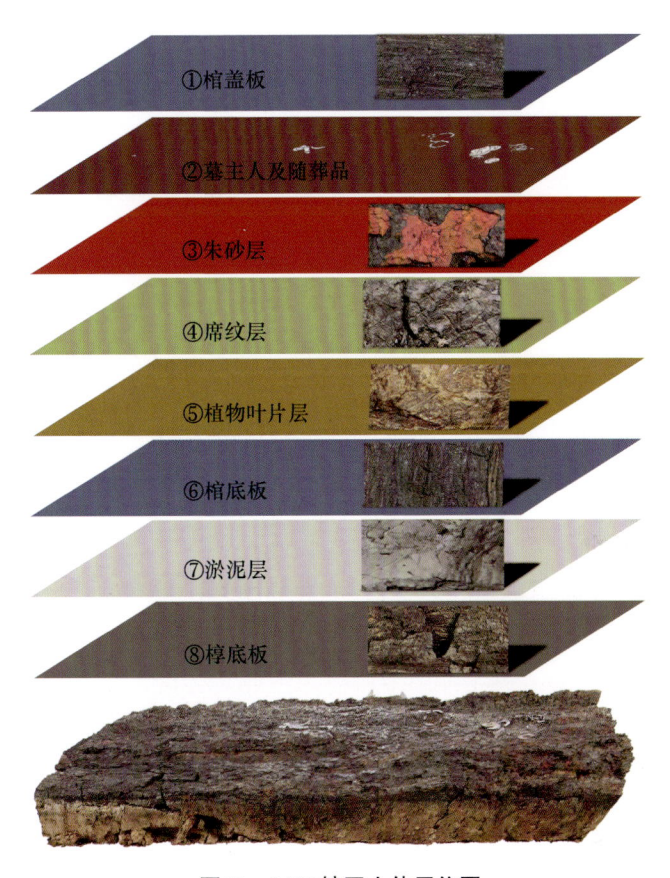

①棺盖板
②墓主人及随葬品
③朱砂层
④席纹层
⑤植物叶片层
⑥棺底板
⑦淤泥层
⑧椁底板

图11　M88棺区土体层位图

二、山东寿光明代墓葬

山东寿光明代墓葬中保存有完整的墓主人身体及服饰（图12）。该墓葬为三合土结构，发现时已遭到破坏，暴露有四个椁室。墓葬为南北向，墓室外壁东西长4.6米，南北残宽2.4米，高1.5米。椁室平面、剖面皆呈长方形，四壁皆涂黑漆；椁室内皆有一木棺，棺首朝北。自东向西，第一棺未涂漆，保存较差。其后三棺皆为漆棺，保存较好；其中第三棺棺盖、棺身分离，暴露骨架一副；东侧最后一棺墓室未发现其他陪葬品。三漆棺皆有字，自东向西分别为"明故显考方二公之柩""明故显妣张老夫人之柩""明故显妣郑老夫人之柩"。其中前两棺有棺钉。

此棺已经清理完毕，现在正在对墓主人的衣物及身体做进一步的保护处理。

图12　墓主人的衣、裤、鞋

三、湖北随州枣树林曾侯宝墓葬M168、夫人芈加墓葬M169及汉东东路墓葬M85中重要遗存

湖北随州枣树林墓地是一处春秋中、晚期的曾国公墓地，墓地布局较为严谨，墓葬分布从南至北时代渐早。墓葬形制较为一致，多为长方形竖穴土坑墓，墓向为东西向。已发掘出土青铜器千余件，部分青铜器上有铭文，包括"曾公""曾侯""曾夫人"等。发掘取得了重要收获，尤其是发现确认了曾侯宝墓（M168）及夫人芈加墓（M169）、曾公求墓（M190）及夫人渔墓（M191）两对曾国国君级别夫妇合葬墓，这是曾国考古乃至两周考古的又一重大发现，填补了春秋中期曾国考古的空白，具有重大的学术价值。

此次进入山东大学进行实验室考古的就是曾侯宝墓（M168）及夫人芈加墓（M169）中的相关重要遗存，共打包了9箱，内容丰富，工作量庞大（图13）。

图13 枣树林墓葬

四、合 作 名 单

合作项目	合作单位
山西翼城大河口西周墓地的M6043和M5010实验室考古	中国社会科学院考古研究所 山西省考古研究院 山西大学北方考古研究中心 北京科技大学科学史与文化遗产研究院
河南舞阳贾湖新石器时代墓地的M87和M58，及龟甲、灰坑等遗存实验室考古	中国社会科学院考古研究所 河南省文物考古研究院 北京科技大学科学史与文化遗产研究院
山东章丘焦家新石器时代墓地的M3和M5实验室考古	中国社会科学院考古研究所 北京科技大学科学史与文化遗产研究院
山东邹城邾国故城钱窖遗存实验室考古	中国社会科学院考古研究所 北京科技大学科学史与文化遗产研究院
湖北京山苏家垄M88实验室考古	中国社会科学院考古研究所 湖北省文物考古研究院 北京科技大学科学史与文化遗产研究院 中央电视台《探索·发现》栏目组
湖北随州枣树林M168、M169实验室考古	中国社会科学院考古研究所 湖北省文物考古研究院 随州市博物馆 北京科技大学科学史与文化遗产研究院
湖北随州枣树林M85内棺实验室考古	中国社会科学院考古研究所 湖北省文物考古研究院 随州市博物馆 北京科技大学科学史与文化遗产研究院

山东大学实验室考古学科建设及其意义

方　辉　杜金鹏

一、实验室考古理论方法及其学科价值

实验室考古是指："考古专家与文物保护专家相互协作，运用多种科技手段在室内开展古代文化遗存发掘清理，根据相关检测分析结果及时实施文物保护，通过对相关遗迹遗物的现场观察、分析、实验，探索古代人类活动及科学技术等问题的考古活动""发掘清理、检测分析、保护处理、研究复原为其基本工作要素""实验室考古的基本理念，是把文化遗产保护传承作为神圣职责，把文物保护工作前置于考古第一现场，把考古发掘、文物保护熔融一体，推动中国考古学向着更加注重资源节约、更加注重科技投入、更加注重信息全面提取、更加注重文物保护的方向前进，走科学化、精细化的可持续发展道路，探索新型考古模式，创建具有中国特色的现代考古学。"相对田野发掘，实验室考古发掘具有环境可控、时间可控、节奏可控，全方位发掘，便于各种仪器设备运用，更具科研人才保障和文物安全保障等优势，可以更好地解决防盗、防火、防水、防毒、防冻、防塌方等安全问题，避免脆弱文物在从出土现场到实验室过程中的损毁[①]。

[①] 杜金鹏：《实验室考古导论》，《考古》2013年第8期。

考古学界许多学者认为，实验室考古是考古学科发展的必然趋势，也是文化遗产保护事业发展的必然要求，代表了学科和文化遗产保护的发展方向[①]。中国考古学会原理事长王巍先生指出："随着中国考古学的发展，实验室考古将是中国考古学发展的一个新的增长点，在将来的考古工作中将大有可为。"[②]新华社记者采访"'实验室考古'呼伦贝尔论坛"时指出："'实验室考古'是近年来为世界考古学界普遍认同推广的一种和传统田野考古发掘并存的发掘研究手段，被考古学界一些学者称之为是'考古学科的重大突破与发展趋势'。"[③]

因此，近年来我国一些考古科研机构相继开展实验室考古，取得可喜成绩[④]。国家文物局对此予以高度肯定，并在最近进行的南昌海昏侯墓考古工作中倡导开展实验室考古。

二、山东大学实验室考古的创建及其成果

（一）学术理念和学术目的

在推进实验室考古的过程中，我们深感人才匮乏的困扰。因此，我们商议在山东大学开展实验室考古。通过实施项目，首先锻炼教师，同时带动培养研究生，然后扩展到本科生教学，争取使山东大学成为全国第一家开展实验室考古项目、进行实验室考古教学、输出实验室考古人才的高校。

实施实验室考古，是推动山东大学考古科研与教学创新发展的重要举措，也是推进中国考古学理论、方法和技术创新发展的重要举措。

---

① 方辉：《"实验室考古"呼伦贝尔论坛暨中国考古学会文化遗产保护指导委员会成立大会在呼伦贝尔举行》，《中国文物报》2014年8月25日；李存信：《"实验室考古"呼伦贝尔论坛成功举行》，中国考古网2014年8月19日。

② 王巍在"贵州遵义播州土司杨价墓实验室考古和文物保护修复专家咨询会"上的讲话，见李存信：《遵义播州土司杨价墓实验室考古和文物保护修复专家咨询会在京召开》，中国考古网2015年2月5日。

③ 汪永基：《专家学者：尽快实施"实验室考古"科技支撑 促进文化文物遗产保护》，新华网2014年8月21日。

④ 杜金鹏、杨军昌、李存信：《实验室考古的成绩与问题》，《江汉考古》2016年第5期。

（二）项目引进

从2013年，作为中国社会科学院考古研究所实验室考古合作基地，山东大学承担了山西翼城大河口遗址两座西周墓葬（编号M6043、M5010）的实验室考古工作，历时半年多，较好地完成了任务。项目实施中，秉持实验室考古学术理念，遵循实验室考古工作规程，科学细致地进行技术操作，比较全面地提取了各种遗迹遗物信息，初步掌握了实验室考古基本流程和方法。

2015年，我们完成了对河南舞阳贾湖遗址两座新石器时代墓葬（编号M58、M87）的实验室考古项目。

2018年，承担了湖北京山苏家垄遗址春秋墓葬（编号M88）棺室的实验室考古项目，目前正在按计划实施中。

除了引进山西、河南、湖北等外省项目，我们还积极筹划从本校考古项目中选取实验室考古课题，目前进行中的有济南焦家遗址大汶口文化墓葬、邹城邾国故城遗址东周墓葬等。

（三）实验室建设

2013年，根据实验室考古的专业要求，在我校济南兴隆山校区工程训练中心建立了山东大学室内考古发掘与文物保护实验室，拥有了独立实验室空间，添置了必要的仪器设备，具备了开展实验室考古的基本条件。该实验室的建立，试图通过考古学与化学、物理、生命科学、医学、计算机等学科的合作，形成课堂—田野—实验室"三位一体"的教学体系，有效锻炼学生的实践操作能力，为实验室考古培养人才、积蓄力量。

2018年，我校青岛校区博物馆正式建成启用。在博物馆设计建设过程中，我们提出了实验室考古工作室的建设需求，并得到学校领导支持。因此，在青岛校区拥有了符合实验室考古要求、空间较为充足、设备较为齐全的实验室考古中心。这是目前国内规模最大、设备最好的实验室考古专门设施。

（四）队伍建设

开展实验室考古的必要条件，除了场地空间和设备设施，

更重要的是科研队伍建设。我们根据项目需要，组建了考古、文保等不同专业人才的合作团队，包括专职教师、讲座教授、兼职人员和外聘人员。

（五）已有成果

已经完成的发掘项目，均已形成完整的发掘记录和一系列检测分析报告。其中，山西翼城大河口西周墓实验室考古项目成果《山西翼城大河口M6043、M5010实验室考古简报》及一些分析检测研究文章已经陆续发表，还有一些成果也已经完成，处于待刊状态，即将正式发表。

三、山东大学实验室考古学科建设意义

（一）人才培养

实验室考古人才短缺问题，从大学本科抓起是根本。

在2014年8月举行的"'实验室考古'呼伦贝尔论坛"上，与会代表认为，当下制约实验室考古发展的瓶颈之一是人才培养。目前基本上是开展此项工作较早的几家单位建立工作基地，采取"师傅带徒弟"的工作方式进行，既满足不了实验室考古快速发展的需要，培养模式也缺少规范性。设有考古专业的高校在人才培养上应发挥作用，结合山东大学开展实验室考古的情况，从人才培养、科学研究、社会服务和国际化等角度，笔者发现教育部近年公布的历史学类本科专业目录中，与考古学有关的专业增加到了三个，即考古学专业、文物与博物馆学专业和文物保护技术专业，这为考古学尤其是实验室考古人才的培养提供了契机。但考古学类专业投入大，仅凭一己之力很难建立起所有专业，建议国家及省市文物管理部门通过共建人才培养基地模式解决实验室考古及文化遗产保护人才缺乏的问题[①]。在不久前发表的文章中，笔者也强调，目前实验室考古面

---

① 李存信：《"实验室考古"呼伦贝尔论坛成功举行》，中国考古网2014年8月19日。

临的首要问难便是"人才匮乏,专业队伍不足":实验室考古不但需要考古、文保之专门人才,同时更需要跨专业的复合型人才,否则不能胜任实验室考古之学术和技术工作要求。这些专业人才,还需合理搭配成足以适应各项任务的工作团队。目前,我国尚未形成一支强劲的实验室考古专业团队,大学里没有实验室考古这门课程,社会上没有有经验的实验室考古专业人员。从事实验室考古的人员,是从考古和文物保护等不同学科领域"转业"过来的,实验室考古队伍其实也是"拼凑"的班子。因此,笔者建议大力加强实验室考古人才培养,从大学本科教育抓起,增设实验室考古课程,编写相关教材,组织必要实习。在研究生阶段,在考古学专业或文物保护技术专业增设实验室考古专业方向,踏踏实实、按部就班地培养专业人才[1]。

2013年,山东大学与中国社会科学院考古研究所签订合作协议,决定共同开展实验室考古,双方合作创建了"山东大学文化遗产研究院实验室考古基地"。我们认为:"合作建立实验室通过考古学与化学、物理、生命科学、医学、计算机等学科的合作,共同就实验室考古面临的各类学术难题进行攻关。而对于学校人才培养而言,形成课堂—田野—实验室'三位一体'的教学体系,能够有效锻炼学生的实践操作能力,为实验室考古培养人才、积蓄力量。"[2]

山东大学率先开展实验室考古研究与教学,是在实验室考古人才培养方面迈出的积极和可喜的一步!这一举措不仅为教师们的学术眼界拓展推开一扇窗,同时也为学生们的专业学习打开一扇门!截至目前,山东大学历史文化学院、文化遗产研究院有多位教师和10多位研究生直接参与实验室考古项目,还有老师利用实验室考古现场,对学生进行商周考古教学。在大学里开展实验室考古人才培养,从这里正式起步。2014年6月,来自国内近20家考古机构的30余位专家学者齐聚山东大学,参

---

[1] 杜金鹏、杨军昌、李存信:《实验室考古的成绩与问题》,《江汉考古》2016年第5期。

[2] 刘黎雨:《实验室考古开启发掘保护新模式》,《中国文化报》2014年8月14日第7版。

加由山东大学和中国社会科学院考古研究所共同举办的"文物保护与实验室考古研讨会"。与会学者一致认为：在大学开展实验室考古对于考古学新理念的推广和新型人才培养均有非常积极的意义，并对山东大学实验室考古的人才培养给予高度评价[①]。

（二）学科发展

首先，实验室考古有力地推动了山东大学的文化遗产学科建设，形成一个具有明显特色和优势的学科分支。

山东大学考古教学历来非常注重田野考古，毕业生向来以田野考古基础较好著称。随着学科建设的步步深入，动物植物考古、科技考古等方面也发展势头良好。但与许多兄弟院校相比，学科拓展大体上处于齐头并进状态，自身特色和优势并不突出。

目前，山东大学是全国首个引进、率先开展实验室考古的高校，并已经取得很好成果。实验室考古在山东大学落地，不但有效拓展了考古学学科领域，丰富和更新了传统考古学架构，而且形成了传统考古与文物保护、考古学与文化遗产传承之学科融合，为文化遗产科学体系建设作出了实实在在的贡献。并且，也为山东大学文化遗产研究院的创立，奠定了扎实基础。

其次，山东大学实验室考古对全国考古学转型发展，作出可贵贡献。

实验室考古是传统考古学发展过程中形成的新的学科分支，具有强劲的发展潜力。但因其硬件和软件需求比较高，当前还难以在全国各地普及。因此，选择一些合适地点建设实验室考古基地，成为学科发展的必由之路。由于山东大学实验室考古起步早、条件好，自然而然地成为一个实验室考古的区域中心，有望为我国东部地区的实验室考古提供有力支持。

在山东大学举办的"文物保护与实验室考古研讨会"上，多家省级考古机构负责人表示，要尽快在本省推广和实施实验

---

① 李存信：《"文物保护与实验室考古研讨会"在山东大学举行》，中国考古网2014年6月11日。

室考古，把中国考古学研究推向一个崭新高度①。

（三）学术交流

山东大学在开展实验室考古过程中，积极开展与相关考古科研机构和院校的学术交流与合作，并初步形成科研合作机制。

2013年，山东大学与中国社会科学院考古研究所共同创建"山东大学文化遗产研究院实验室考古基地"。随后，联合山西省考古研究所共同开展大河口西周墓实验室考古工作。接着，又与河南省文物考古研究院和中国科技大学合作，开展河南舞阳贾湖遗址史前墓葬的实验室考古工作。以上实验室考古项目均取得可喜成果，在国内学术界产生良好影响。

2014年6月8日，山东大学联合中国社会科学院考古研究所共同召开"文物保护与实验室考古研讨会"，国内10家省级考古机构负责人及山东省文物局、济南市文物局代表等30多人出席会议，专家学者们深入讨论了"实验室考古"的学科发展前景、推广应用及人才培养问题，认为"实验室考古"是考古研究从粗犷型向精细型发展的必经之路，是考古学发展的必然趋势，对山东大学的实验室考古探索给予高度评价和殷切期望②。

2015年4月28日，山东大学文化遗产研究院召开"舞阳贾湖实验室考古座谈会"，来自中国社会科学院、山东大学、中国科技大学和河南省文物考古研究所等10余家考古科研教学单位的20余位专家学者，对舞阳贾湖史前墓葬实验室考古项目取得的成绩表示充分肯定，并就该项目在实验室考古之理论方法与技术运用、考古清理与研究、保护与展示等问题，发表各自意见③。

山东大学开展实验室考古，在国内学术界产生良好影响。学校领导和山东省文物局领导等，多次亲临现场观摩指导，对文化遗产学科建设起到了积极促进作用。

---

① 李存信：《"文物保护与实验室考古研讨会"在山东大学举行》，中国考古网2014年6月11日。

② 李存信：《"文物保护与实验室考古研讨会"在山东大学举行》，中国考古网2014年6月11日。

③ 王迪：《舞阳贾湖墓葬实验室考古座谈会在山东大学举行》，中国考古网2015年4月29日。

四、结　　语

实验室考古是多学科融合的新兴考古学分支学科，是考古学转型发展的产物，具有很好的发展潜力。

山东大学在全国高校中率先开展实验室考古，不仅符合中国考古学发展道路，顺应我国考古学的学科建设潮流，同时为也本校的考古与文化遗产保护科研和教学增加了重要学术支点，在文化遗产科学体系建设——实验室考古理论探索和实践累积、实验室考古人才培养、实验室考古区域中心建设等方面，均有可喜贡献。

从野外走向室内

朱 磊　唐仲明　王庆铸

　　实验室考古是近年来考古发掘精细化，兼具发掘、检测、保护和研究的理念下，出现的一种新的考古发掘形式。从中国社会科学院考古研究所与山西省考古研究所合作进行的大河口西周墓葬 M1 的实验室考古首个科研项目开始，到2013年中国社会科学院考古研究所与山东大学文化遗产研究院合作，建立目前全国高校唯一一座室内考古实验室——"山东大学室内考古实验室"，再到甘肃省文物考古研究所和陕西省考古研究院合作的甘肃张家川县马家塬战国墓 M4 木棺的实验室考古项目、陕西省考古研究院和德国美茵兹罗马—日耳曼中央博物馆合作的西安市唐代李倕墓冠饰的室内清理与复原工作等实践，尚处于起步阶段的实验室考古已经积累了一定的实践经验，并逐渐代表了考古工作一个新的发展方向。

一、什么是"实验室考古"

　　"实验室考古"，顾名思义，就是在专门的考古实验室中进行的考古发掘工作。杜金鹏先生在《实验室考古导论》中对"实验室考古"做了如下定义："我们让考古专家与文物保护专家相互协作，运用多种科技手段在室内开展古代文化遗存的发掘清理，根据相关检测分析结果及时实施文物保护，通过对相关遗迹遗物的现场观察、分析、实验，探索古代人类活动及科学技术等问题的考古活动,称为实验室考古。"并且确定了实验室考古的基本要素为发掘清理、分析检测、保护处理、研究复原。

二、为什么要进行实验室考古

之所以要把考古发掘工作搬进实验室中进行,是因为实验室拥有许多田野考古发掘所不具备的优势。田野考古发掘由于会受到文物安全、天气状况、发掘条件等诸多因素的影响,经常无法严格按照《田野考古工作规程》的要求实施考古发掘,致使发掘过程仓促、资料收集粗疏,许多细微的遗迹现象被忽略甚至舍弃。针对田野考古面临的种种困扰,实验室考古应运而生。在配备有各种专业设备的考古实验室中进行发掘可以有效避免上述问题所造成的干扰,从而使精细发掘成为可能。

需要强调的是,实验室考古并不只是简单地把发掘对象搬迁到室内进行清理,而是在尽可能运用更多科技手段和设备进行有条不紊的考古发掘的同时,随时对遗迹、遗物提取样本进行科学检测,对其在发掘过程中的变化进行监测,对脆弱易损文物进行加固,对易氧化文物进行封护,对易干裂文物予以滋润等,减缓、避免文物的异化进程,保持文物的原始状态,尽快使出土文物从考古现场进入实验室保护阶段。

三、实验室考古的优势是什么

专业的室内考古实验室需要配置环境控制设备、操作设备、分析检测仪器和文物保护器材等各种仪器设备,把文物保护工作前置于考古第一现场,把考古发掘、文物保护融为一体,为考古发掘提供最适宜的环境和技术支持,做到环境可控、时间可控、节奏可控,实现全方位发掘。同时,能够提供更好的安全保障,加之运用各种仪器设备及多种现代科技手段在室内进行古代文化遗存的发掘清理,随时根据相关分析检测结果及时实施文物保护措施。推动考古学向着更加注重资源节约、科技投入、信息提取、文物保护的方向发展,走科学化、精细化的

可持续发展道路，以保证最大限度地收集资料，获得更详实的信息资讯，最大可能地保留遗迹的原貌。由于其融田野考古、文物保护、科技考古和展示利用于一体，是新时期考古发掘向着全面精细化转化的要求和必然趋势。

四、实验室考古怎样进行

首先，对需要进行实验室发掘的遗迹对象实施套箱起取，运进实验室。而后，在实验室考古的发掘过程中，严格按照《田野考古工作规程》的要求实施考古发掘，对所有细微的遗迹现象进行收集、记录。例如，在对糟朽漆木器等脆弱质遗物进行清理时，需选择合适的手动工具，以自行加工制成的竹木质剔剥工具为首选；竹木材料具有一定的弹性与柔韧性，在清理表层脆弱的遗物时，当工具刃部接触到目标时可以起到相应的缓冲作用，最大程度地保证遗物表面不受到损伤。对每一层遗迹现象进行三维图形记录，以保证空间资料的完整性。

五、实验室考古的成功案例——来自大河口 M1 的启示

目前实验室考古尚处在探索的起步阶段，首个科研项目便是中国社会科学院考古研究所与山西省考古研究所合作进行的大河口西周墓葬 M1 的实验室考古项目。大河口西周墓地位于山西翼城县，不仅首次发现了漆木俑、原始瓷器等珍贵文物，而且首次发现西周时期三足铜盉、三足鼎式簋等珍稀青铜器，个别墓葬甚至发现有金器。大河口西周墓地的发现对研究西周时期的分封制度、器用制度和族群融合等历史和考古问题有重要意义。2011 年，山西翼城大河口西周墓地入围年度全国十大考古新发现。由于大河口西周墓葬 M1 规格高、保存好、随葬品丰富，其中还包含大量的漆器、纺织品等脆弱质文物遗存，为能够更加规范、妥善地清理并保护墓葬遗存，遂决定采取将部分墓葬套箱封装，搬运进实验室，进行实验室考古发掘。

大河口 M1 位于山西省翼城县东约 7 千米处，位置为大河口村西翟家桥河和滑家河交汇之三角地带的台地上，时代属西周中期。该墓底部大于口部、墓口四角有斜洞，墓口长 425 厘米，宽 322 厘米，深 975 厘米。在距二层台上方约 80 厘米的四侧墓壁上，有放置漆木器具（含陶器和原始瓷器）的壁龛 11 个。在东侧二层台上出土漆木俑两个，南、北二层台填土内出土木质盾牌三个。墓室南侧棺椁之间出土若干兵器、工具及车马器等。

M1 其他部分的考古发掘清理程序结束之后，对上述区域已经显露出来的脆弱质遗物进行了现场应急处置保护，随之对墓内的多个壁龛、漆木俑、盾牌及兵器部分等实施套箱起取，并运至中国社会科学院考古所文化遗产保护研究中心进行室内考古发掘和文物保护，便进入了实验室考古阶段。

该项目自 2008 年 8 月开始实施，经过两年多的发掘清理和处理保护，操作程序已经告一段落。该墓出土的数十件漆木器具，其木质器壁部分虽早已完全朽蚀，内侧的固定支撑被滴渗淤积土体所替代，但保存于器表红黑相间的髹漆层（部分器物饰有花纹）及镶嵌饰物基本完好，是该时期十分罕见的出土精品和重器。

大河口 M1 实验室清理工作在以考古学研究和文物保护为主、兼顾文物展示及制作工艺研究的指导思想下，利用环境可控的工作空间，采取多学科结合的方法与形式，根据遗物的原始出土状态，对其病害情况实施分析检测，在获取准确数据的基础上，采取针对性方法措施进行合理处置和有效保护，使之能够得到较长时期的保存和保护。并且进行多角度，全方位地清理、释读、保护和记录处置对象所蕴含的信息，构建信息间的逻辑关系，阐释信息所反映的历史及其背景，在研究遗迹和遗物的形制、空间位置和组合关系的同时，尽可能保护和保存所发现的脆弱质文物与印迹，为 M1 综合研究提供更为详细的科学依据。

目前，大河口 M1 西周墓葬的实验室考古项目已经完成并发表了简报。获取了一批重要文物，积累并丰富了北方地区出土先秦时期漆木器的处理方法和保护经验，补充和促进了墓葬

于20世纪80年代由李虎侯先生在其专著《实验室考古学》中提出。这本书也使他成为以"实验室考古学"为名成书的第一人。李虎侯认为"实验室考古"必须以实验测定的手段,通过仪器和设备收集资料,运用这些资料来认识过去的人类社会发展①。在这里,李虎侯先生强调的是实验室考古学所应用的技术手段,即必须是自然科学技术。1988年和1989年两次全国实验室考古学术讨论会分别在广西南宁和安徽合肥召开,学术界对"实验室考古学"的名称、内涵和成立学会等问题进行了讨论。讨论的结果决定将"实验室考古学"更名为"科技考古",随着1991年第三次全国科技考古学术讨论会的召开,中国科技考古学会(暂为中国考古学会的团体成员)成立。早期的"实验室考古"为"科技考古"所继承。

进入21世纪初期,考古学界又有"实验室考古清理""实验室微型发掘"等概念的提出。而现在学界通常意义上的"实验室考古"则是由中国社会科学院考古研究所的杜金鹏先生于2008年提出②。其在《考古》期刊2013年第8期发表的《实验室考古导论》成为现代"实验室考古"理论的奠基之作。从实验室考古的内涵与特点、实验室考古的基本理念、实验室考古的产生背景、实验室考古的萌发、实验室考古的优势、实验室考古的技术路线和实验室考古的局限性七个方面在理论与方法上对实验室考古进行了全面深入的讨论。

杜金鹏先生认为:"实验室考古"是指考古专家和文物保护专家相互协作,运用多种科学技术手段在室内开展古代文化遗存的发掘清理,根据检测分析结果及时实施文物保护,通过对相关遗迹遗物的现场观察、分析、实验,探明古代人类活动及科学技术等问题的考古活动。并且确定了"实验室考古"的基本要素为"发掘清理、分析检测、保护处理、研究复原"③。

---

① 李虎侯:《实验室考古纲要》,《实验室考古学》,Scientist Press International,Inc.(HONG KONG),1998年,第2页。

② 2008年,中国社会科学院考古研究所与山西省考古研究所合作对山西翼城大河口M1相关遗迹进行研究的过程中,提出了"实验室考古"的概念。

③ 杜金鹏:《实验室考古导论》,《考古》2013年第8期,第3页。

需要强调的是，这里所指的"实验室考古"并不只是简单地把发掘对象搬迁到室内进行清理，而是在尽可能运用更多科技手段和设备进行有条不紊的考古发掘的同时，随时对遗迹遗物提取样本进行科学检测，对其在发掘过程中的变化进行监测，对脆弱易损文物进行加固，对易氧化文物进行封护，对易干裂文物予以滋润等，从而减缓、避免文物的异化进程，保持文物的原始状态，尽快使出土文物从考古现场进入实验室保护阶段。

这一概念提出后，考古学界和文保学界很快接受。杜金鹏先生也成为现代"实验室考古"理论的构建者和奠基人。而同是中国社会科学院考古研究所的李存信先生则是将"实验室考古"理论具体落实的践行者和推广人。在李存信先生的努力下，国内多家省市级考古科研机构也都启动了实验室考古项目。其中，山西省考古研究院、山东省文物考古研究院、江西省文物考古研究院、江苏省考古研究院、南京博物院、山东大学文化遗产研究院、贵州省文物考古研究所、扬州市考古研究所、呼伦贝尔民族博物院等单位，先后与中国社会科学院考古研究所合作开展实验室考古项目[1]。陕西省考古研究院的杨军昌先生也是"实验室考古"的一位领军人物，清理、复原了唐代的李倕冠和萧后冠。对实验室考古的实施方法进行了多方的尝试并做出了巨大的贡献。

2016年，杜金鹏、杨军昌、李存信三位先生共同撰写了《实验室考古的成绩与问题》发表，从近年来召开的几次专题性实验室考古会议、取得成果的实验室考古项目、成立了实验室考古项目的考古科研机构、当前实验室考古存在的问题以及展望等方面介绍了实验室考古的现状[2]，为实验室考古的进一步发展提供了宝贵的借鉴作用。

2021年6月，杜金鹏先生出版了《实验室考古入门》[3]。该书

---

[1] 杜金鹏、杨军昌、李存信：《实验室考古的成绩与问题》，《江汉考古》2016年第5期，第126页。

[2] 杜金鹏、杨军昌、李存信：《实验室考古的成绩与问题》，《江汉考古》2016年第5期。

[3] 杜金鹏：《实验室考古入门》，中国社会科学出版社，2021年。

是国内第一部关于实验室考古的专著，涉及实验室考古的基本理论、方法和技术等多个方面，为考古工作者从事实验室考古工作提供了参考。

二、实验室考古的优势和存在的问题

相较传统的田野考古发掘而言，实验室考古具有其独有的优势。专业的室内考古实验室需要配置环境控制设备、操作设备、分析检测仪器和文物保护器材等各种仪器设备，把文物保护工作前置于考古第一现场，把考古发掘、文物保护融为一体，为考古发掘提供最适宜的环境和技术支持，做到环境可控、时间可控、节奏可控，实现全方位发掘。同时，能够提供更好的安全保障，加之运用各种仪器设备及多种现代科技手段在室内进行古代文化遗存的发掘清理，随时根据相关分析检测结果及时实施文物保护措施。推动考古学向着更加注重资源节约、科技投入、信息提取、文物保护的方向发展，走科学化、精细化的可持续发展道路，以保证最大限度地收集资料，获得更详实的信息资讯，最大可能地保留遗迹的原貌。由于其融田野考古、文物保护、科技考古和展示利用于一体，是新时期考古发掘向着全面精细化转化的要求和必然趋势。

杜金鹏先生曾在《实验室考古导论》里就田野考古的局限性和实验室考古的优势进行了非常详细的分析和介绍。传统的田野考古会因环境和时间的限制难以连续作业，安全状况和信息提取也受影响，并且一些技术设备在田野工作时也保证不了。相反实验室考古的优势则比较明显。在文中，杜金鹏先生列出了实验室考古的七大优势——环境可控、时间可控、节奏可控、全方位发掘、设备齐全、人才保障，以及安全保障。

同时，杜金鹏先生也提到了实验室考古的局限性。如难以兼顾遗迹现象之间的相互关系：一些文化现象重要、复杂，不宜（或难以）进行分割；或地理位置偏远、险要，无法动用大型机械设备的遗存，或地理构造复杂、特殊，地下水位较高，有电缆管道等障碍，不能进行套箱（打包）起取的遗存都难以

实施实验室考古发掘①。之后，杜先生又撰文指出当前实验室考古存在的问题：人才匮乏，专业队伍不足；硬件设施落后，不能满足学科发展；经费不足，难以支撑大型项目的实施和满足大面积推广需求；功能与需求矛盾突出；考古发掘与文物保护结合有待加深；缺乏统一组织；缺乏技术规范②。这些问题的提出，为实验室考古的发展和完善指明了方向。

三、实验室考古实践与成果概述

实验室考古发端于室内清理，主要是面对在田野现场清理条件差、清理难度大的遗存进行整体搬迁至室内进行发掘。从1936年到2008年，不断有遗存出于各种原因被转移至室内发掘清理，实验室考古技术方法也在逐渐走向成熟。2008年，中国社会科学院考古研究所文化遗产保护研究中心的室内考古实验室建成，并成功实现了对工作环境温湿度的严格控制，完成山西大河口西周墓地M1的壁龛、木俑、盾牌等器物的清理、保护工作。这是"实验室考古"发展的里程碑，标志着现代意义的"实验室考古"终于完成了从萌芽到成型的蜕变。

关于实验室考古发展过程中所进行的探索实践，杜金鹏先生在《实验室考古导论》中有过清晰的梳理，刘勇在其硕士论文的绪论中又加以补充介绍。现略述如下：

早在1936年，安阳殷墟发掘对商代甲骨埋藏坑H127整体搬回室内进行仔细发掘，是为国内首次室内考古的尝试③。

1991年，安阳殷墟花园庄发现甲骨坑H3整体搬迁采用了套箱法提取技术，体现了发掘进度的可控性④。

1994年，陕西省考古研究所在发掘北周武帝孝陵时，针对孝陵5号天井东、西龛，甬道及墓室的文物采取了整体分割打

---

① 杜金鹏：《实验室考古导论》，《考古》2013年第8期，第10页。
② 杜金鹏、杨军昌、李存信：《实验室考古的成绩与问题》，《江汉考古》2016年第5期，126页。
③ 杜金鹏：《实验室考古导论》，《考古》2013年第8期，第6页。
④ 中国社会科学院考古研究所安阳工作队：《1991年安阳花园庄东地、南地发掘简报》，《考古》1993年第6期，第491页。

M26套箱整取，运回室内进行清理。工作人员制定了详细的工作流程，主要包括核对资料、拆除套箱包装、逐层清理、谨慎提取、拼对粘接、妥善保存、标本留存、资料整理等。此次实验室清理，文物保护的观念贯穿于考古发掘的整个过程中，并根据出土文物状态采取不同的保护方案。将更多的科技手段运用于可控的室内保护发掘工作中，有些肉眼不可见的考古信息可以用显微观察、成分分析检测等手段进一步了解，或许可以发现新的考古信息[1]。

2010年，上海博物馆的实验室对青浦福泉山遗址吴家场墓地M207号墓葬的清理保护工作也顺利完成。M207是2010年年底发现的一座良渚文化晚期贵族大墓，由于年代久远和埋藏环境的原因，遗物保存状况差。为了使文物得到有效保护，上海博物馆考古研究部决定采用"实验室考古"的方法，把M207整体搬运到实验室内进行发掘和记录，同时对出土文物采取保护和修复措施。清理和修复了300多件良渚文化遗物，考古学信息从文字、绘图到摄影、录像各种记录丰富而全面，而且对良渚权贵墓葬的葬俗、良渚文化礼制系统，以及良渚玉、骨器的材质和制作方法等方面都进行了多学科的综合研究，为今后的工作提供了参照范本，对上海地区甚至长江三角洲地区的考古发掘和研究意义重大[2]。

2012~2013年成都文物考古研究所与荆州文物保护中心联合发掘了成都市天回镇老官山西汉木椁墓，发现一批竹简。按事先制定的预案，采用"托板插入法"现场提取整堆竹简，进入实验室内清理，依照冲淤、采样、照相、绘图、分区、编号、剥离、提取和置定竹简等步骤，全面采集和记录了出土竹简的相关信息，将全部医简内容合并为五部扁鹊学派医书，以及其他内容简共七部竹书[3]。

---

[1] 广东省文物考古研究所、广宁县博物馆：《广东广宁龙嘴岗M26发掘报告》，《文博学刊》2023年第1期。

[2] 潘碧华、黄翔、王沛：《2012~2013年上海考古学科发展述评》《上海学术报告（2012~2013）》，上海人民出版社，2015年，第16页。

[3] 成都文物考古研究院、荆州文物保护中心：《成都天回老官山汉简的现场提取和室内清理》，《江汉考古》2023年第2期。

2013年，中国社会科学院考古研究所、内蒙古自治区文物考古研究所、北京大学考古文博学院、呼伦贝尔民族博物院合作，在呼伦贝尔市陈巴尔虎旗岗嘎墓地提取5座墓进行实验室考古，2014年又提取了14座墓，并于2015年发表了简报[①]。

2013年，中国社会科学院考古研究所与山东大学文化遗产研究院合作，建立了目前全国高校第一座室内考古实验室。并与山西省考古研究所三方合作，对大河口墓地M5010和M6043两座西周墓葬展开实验室考古发掘工作，不但出土了一批如釉砂项链、玉覆面等细小而精美的文物，而且采集到了大量的纺织品痕迹、草席痕迹、朱砂痕迹、矿物质痕迹等细微遗迹现象[②]。这是实验室考古取得的又一成功案例。

2014年，中国社会科学院考古研究所、山东大学文化遗产研究院与河南省文物考古研究院三方合作，对舞阳贾湖墓地M58、M87两座新石器时代早期墓葬展开实验室考古发掘工作。尤其是在发现M58墓主人身体正面大量分布有细小的绿松石饰件之后，在未破坏其正面遗迹的情况下，通过翻箱方法对墓葬的背面进行了细致的发掘，结果发现M58墓主人身体的背面也大量分布有细小的绿松石饰件。这一重要的考古成果能够得以完整呈现，实验室考古功不可没。

2014～2017年陕西省文物保护研究院与扬州市文物考古研究所合作对曹庄M2隋炀帝萧后冠进行实验室清理。正式清理前，用X射线探伤技术对萧后冠石膏木箱进行探查，把冠最底部的额箍（第三道箍）作为基准，以考古遗物或迹象为线索，分部位清理。对于不同遗物的材质，用不同的分析方法进行材质检测与工艺研究，包括显微观察、X射线探查、扫描电镜能谱分析，以及红外光谱、激光拉曼光谱、X射线荧光光谱分析等。另外，及时留取残留物分析标本，以待进一步检测分析与深入研究。明确了萧后冠的结构、饰件材料种类及其加工工艺。在实验基础

---

① 中国社会科学院考古研究所、内蒙古自治区文物考古研究所、北京大学考古文博学院等：《内蒙古陈巴尔虎旗岗嘎墓地》，《考古》2015年第7期。

② 朱磊、唐仲明、王庆铸：《从野外走向室内——近年实验室考古实践成果及未来展望》，《中国文物报》2014年8月1日第5版。

上,使用适宜的保护材料,使冠的现状得以维持,饰件材质劣化得以抑制"的总目标,基本复原出萧后冠的原来面貌[①]。

2016年,中国社会科学院考古研究所将海昏侯刘贺主棺移至实验室进行考古发掘和处置保护。按照由外及内的清理顺序,先清理外棺,后清理内棺,从上至下,分层清理并提取遗存。根据遗存原始出土状态,保护和记录处置对象所蕴含的信息,并对不同材质的文物尤其是脆弱质文物及痕迹进行有效保护,为考古学综合研究提供了更为翔实的数据信息和实物资料[②]。

2016年7月中国社会科学院考古研究所等单位联合在海拉尔谢尔塔拉墓地整体提取了3座墓葬。以内蒙古谢尔塔拉墓地M11椁盖为例,介绍了薄荷醇临时加固揭取脆弱木质文物的保护技术,为类似出土遗物的现场提取和完整保存提供了技术参考[③]。

2018年陕西省考古研究院等通过现场提取、实验室清理、后期复原等工作完成了对陕北米脂出土玉覆面和玉鞋的实验室的清理和复原。利用X射线探伤、多光谱拍摄、三维扫描等技术,记录对清理过程中的信息。通过显微镜对不同部位进行微观发掘,同时做好标本留存,为以后的实验室考古流程提供了借鉴[④]。

2018年,中国社会科学院考古研究所以河北行唐故郡遗址CMK2五号车的左侧车轮遗迹为例,介绍了一种使用薄荷醇临时固型结合刚性支撑技术来提取较大脆弱质遗存的方法。通过精细发掘与预探测、车轮本体加固、薄荷醇临时固型、添加刚性支撑、整体提取、背面清理与加固、正面清理保护等技术流程,对左轮遗迹进行了成功提取和保护,其中发掘技术、刚性支撑技术、临时固型材料薄荷醇起到了关键作用。研究结果为

---

① 西北工业大学纳米能源材料研究中心、扬州市文物考古研究所、陕西省文物保护研究院:《江苏扬州市曹庄M2隋炀帝萧后冠实验室考古简报》,《考古》2017年第11期。

② 中国社会科学院考古研究所、江西省文物考古研究所:《江西南昌西汉海昏侯刘贺墓主棺实验室考古发掘》,《文物》2020年第6期。

③ 刘勇、陈坤龙、韩向娜等:《出土脆弱木质遗存的整体提取与修复——以谢尔塔拉M11椁盖为例》,《江汉考古》2018第4期。

④ 黄晓娟、赵西晨、严静:《陕北米脂出土汉代玉覆面和玉鞋的实验室清理及复原研究》,《文物保护与考古科学》2018年第1期。

此类较大平面脆弱质遗存的整体提取和保护提供了技术参考[①]。

2018年12月常州博物馆对金坛区指前镇唐陵村古墓葬进行了抢救性考古发掘。其中M2墓葬结构和棺体保存完好，外髹朱漆，十分罕见、珍贵，遂将漆棺整体装箱打包进实验室进行清理研究。M2漆棺的实验室考古工作充分采用了现代科技考古的手段，开棺前对漆棺进行X射线探伤扫描和内窥镜探测，确定棺木结构和棺内文物埋藏情况；在漆棺的排液、起吊、分离、清理、保护的全过程中，分配专人负责记录、测绘、采样、摄影摄像；对出土文物第一时间完成科技保护[②]。

2018年，湖北省文物考古研究院发掘湖北京山苏家垄墓地M88时，在棺中发现了一批玉器，为了获取墓主人更多信息，湖北省文物考古研究院和山东大学文化遗产研究院合作将M88棺体采取整体打包的方式，运回实验室中进行实验室考古研究。通过实验室考古发掘清理、检测分析、保护处理以及全面的信息记录，探索实验室考古的理论与方法。在清理过程中采用分层清理、显微观察清理、分区取样等方式进行精细化清理，采用传统手段与现代科学技术相结合的记录方法，对实验室考古工作过程进行文字、照相、摄像、三维模型等多种信息记录。根据文献、考古资料和头饰出土时的状态，做出4组复原方案，并结合出土状态和实用性特点，选取其中最有可能的一组复原方案[③]。

此外，尚有一些实验室考古的项目正在紧锣密鼓地进行当中，相关成果暂未发表。概述如下：

2010年，由中国社会科学院考古研究所、山东省文物考古研究所合作开展高青车马坑实验室考古项目。

2014年至2016年，由中国社会科学院考古研究所、贵州省文物考古研究所合作开展遵义播州土司墓实验室考古项目。其中杨价墓的实验室考古项目获得了2014年全国十大考古新发现。

[①] 刘勇、张春长、李存信等：《河北行唐故郡遗址出土脆弱质车轮提取研究》，《文物保护与考古科学》2022年第5期。

[②] 常州博物馆：《常州唐陵村元墓实验室考古取得重大收获》，《中国文物报》2019年6月21日。

[③] 吴登第：《湖北京山苏家垄M88出土头饰实验室考古研究》，山东大学硕士论文，2020年。

项目目前已结项，相关成果即将发表。

2020年8月，西木佛遗址车马坑被整装吊运至灵寿博物馆。2023年5月至11月，在河北省文物局专项资金支持下，河北省文物考古研究院对车马坑展开实验室考古清理与文物保护加固工作。如今，实验室考古完成，收获颇丰。

2021年起，为解决"郧县人"相关学术问题，为建设考古遗址公园、活化历史场景创造条件，经国家文物局批准，湖北省文物考古研究院联合中国科学院古脊椎动物与古人类研究所、武汉大学等单位，组成多学科交叉的考古团队，对该遗址开展新一轮考古发掘与研究。为保障考古发掘的质量和文物安全，各方共同努力，在遗址创新性地搭建了1000多平方米温湿度可控、设施齐全、功能完备的考古方舱、考古工作站等。

2023年3月，无锡市文物考古研究所从马鞍遗址整体打包提取了6座马家浜文化墓葬，在中国社会科学院考古研究所华东基地探源科考舱内进行实验室考古探源。

四、实验室考古的技术方法

实验室考古与传统的田野考古所采用的发掘方法和技术路线存在一定的区别。杜金鹏先生将实验室考古的技术路线提炼成七部分内容。分别是田野起取与运输、考古实验室建设、实验室发掘清理、检测和监测、保护处理、研究复原、信息采集记录[①]。本文根据目前所发表过的实验室考古相关的案例，就田野起取与运输、室内清理及现场保护这三个方面，简要综述如下。

（一）田野起取与运输

田野起取与运输属于实验室考古的前期准备工作，是实验室考古与传统田野考古最大的分野，也是实验室考古能够得以进行的一个前提条件。为了解决田野起取与运输的方法问题，许多学者进行了多方的探索和尝试。

杨璐、黄建华曾专门撰文讲述整体提取的问题。整体提取是

---

① 杜金鹏：《实验室考古导论》，《考古》2013年第8期，第8—10页。

指将文物及其所直接接触的包裹物（一般为土质）一起提取、搬移的过程。一般针对破碎严重且碎块分布复杂的文物，极度易碎的文物和周边环境各种历史信息丰富的文物。整体提取方法一般为基本提取法、套箱提取法、石膏提取法、聚氨酯泡沫提取法。基本提取法则分为纱布绷带法、石膏绷带法、树脂绷带法[1]。李斌在《考古发掘现场文物保护方法和材料的新进展》中也列举了整体提取的几种常用方法（揭取法、套箱法、绷带法、冻结法），并对于常用的加固材料则提到了石膏、聚氨酯泡沫、环十二烷、薄荷醇及其衍生物，并且说明了几种加固材料的优缺点。

德国学者H. V. 雷可夫基文在《考古发掘工地石膏封护提取文物的方法及实践》一文中专门论述用石膏提取文物的方法。按照石膏块封固提取的方法进行清理，有如下工序：切割、石膏灭菌、记录、石膏加固、水平起挖、石膏块底部封固[2]。该文章提到了使用X射线检测技术的注意事项。

黄建华在《考古发掘现场文物保护的理念与现状》介绍了考古现场文物保护的几点原则（少干预原则、可再处理原则、少量原则、事先取样原则）[3]。王蕙贞在《考古发掘现场环境突变对出土文物的破坏及应急保护研究》中着重分析了氧气、湿度、光度对出土文物的影响和应对措施。对于考古现场出土的文物，如饱水漆木竹器、纺织品、纸质文物、皮革类文物、骨角质象牙类文物、尸体类文物、彩绘陶器、铁器、青铜器等不同类型的文物分别介绍了如何进行稳定性处理。并针对不同文物所应用的具体提取方法也有所介绍，如非常脆弱或复杂遗迹文物的提取方法采用箱取法、插板法、拖网法、木匣插取法、石膏托固法；大的片状文物的提取可以采用整体迁移法、部分揭取法、画面迁移法。可谓是从多方面叙述了对考古现场文物的应急保护方法。

---

[1] 杨璐、黄建华：《考古发掘现场文物保护中的整体提取技术》，《文物保护与考古科学》2008年第1期，第65页。

[2] H. V. 雷可夫基文，侯改玲编译：《考古发掘工地石膏封护提取文物的方法及实践》，《考古与文物》2000年第6期，第81页。

[3] 黄建华：《考古发掘现场文物保护的理念与现状》，《西部考古·第四辑》，三秦出版社，2009年。

（二）室内清理

实验室考古的文物清理过程要求严格遵循《田野考古工作规程》进行清理。在清理之前，有条件的工作单位会采用X射线对文物进行无损探伤。马家塬战国墓地M4，北周武帝孝陵，李倕冠，浙江瓯海西周土墩墓的青铜器在清理过程中都运用了X射线。

针对实验室考古精细发掘的需要，李存信先生在《二里头遗址绿松石龙形器的清理与仿制复原》一文中介绍了室内清理常用的工具，如小型金属刀、竹木签、小毛刷、毛笔等，以尽可能减少对文物主体的损伤[①]。杨军昌先生等的《西安市唐代李倕墓冠饰的室内清理与复原》一文介绍了实验室考古过程中一些器物的清理方法的探索：如金质文物可用去离子水清洗或机械法清理，有时也可借助橡皮棒和白垩粉擦除污染物。银饰件、铜质饰物都可采用机械法清理等，为实验考古清理工作提供了良好的借鉴[②]。

（三）现场保护

实验室考古的一大优势就是能够在清理的过程中，实时提供有效的现场保护。《山西翼城县大河口西周墓地M1实验室考古简报》中提到了漆木器的加固保护可以分为物理支撑和试剂加固，物理支撑有石膏浆液固化成型、金属材料固定支撑、树脂材料固定支撑；试剂则主要使用阿拉伯胶[③]。

杨军昌先生等的《西安市唐代李倕墓冠饰的室内清理与复原》一文对冠饰上的金质、银质、铜质等不同材质的文物如何保护进行了介绍。B72可用来加固金质遗物、有机质、珍珠、绿松石、紫晶、玉髓、铜簪等。脆弱的银质饰件，疏松的铁质

---

① 李存信：《二里头遗址绿松石龙形器的清理与仿制复原》，《中原文物》2006年第4期。

② 陕西省考古研究院、德国美茵兹罗马—日耳曼中央博物馆：《西安市唐代李倕墓冠饰的室内清理与复原》，《考古》2013年第8期。

③ 中国社会科学院考古研究所文化遗产保护研究中心、山西省考古研究所翼城大河口考古队：《山西翼城县大河口西周墓地M1实验室考古简报》，《考古》2013年第8期。

饰物，均可用于环氧树脂粘接、修补①。

刘勇的《江苏大云山汉墓K7明器车实验室考古研究》根据明器车不同部位的保存状况，采用了物理加固或化学加固。两个车轮、完整的漆木马、车轭和残车衡、残漆木马等采用的石膏支撑法进行加固；盖斗、盖弓、盖弓帽可用树脂支撑；鬈漆层可采用聚醋酸乙烯酯进行加固保护。漆木器的保存环境其相对湿度应在70%~80%，温度为15℃~20℃，光照强度以不超过150 lux为宜②。

目前，山西翼城大河口西周墓葬M1的实验室考古项目③、甘肃张家川县马家塬战国墓M4木棺的实验室考古项目④、西安市唐代李倕墓冠饰⑤的室内清理与复原工作等实践都取得了令人瞩目的成果并发表了简报，其他各实验室考古项目亦在努力探索和完善的过程中。

结　　语

实验室考古虽然起步比较晚，但由于科学技术手段的辅助和新材料的应用使其发展迅速，在近几年取得了较大成就，优势已经逐步显现。相对于传统的田野考古，实验室考古可以最大程度地掌控环境和发掘进度，自主地根据发掘需要来调整温度、湿度、光照、空气等环境条件，帮助我们实现了在可控环境下精细发掘及多方位各类信息的提取。发掘质量更高、文物保存更好、样本采集更充分。同时，还能够及时联合多领域专家，对所采集的各类样本进行充分的分析、检测，使真正的精细化发掘成为可能。

---

① 陕西省考古研究院、德国美茵兹罗马—日耳曼中央博物馆：《西安市唐代李倕墓冠饰的室内清理与复原》，《考古》2013年第8期。

② 刘勇：《江苏大云山汉墓K7明器车实验室考古研究》，首都师范大学硕士论文，2015年。

③ 中国社会科学院考古研究所文化遗产保护研究中心、山西省考古研究所翼城大河口考古队：《山西翼城县大河口西周墓地M1实验室考古简报》，《考古》2013年第8期。

④ 甘肃省文物考古研究所、陕西省考古研究院：《甘肃张家川县马家塬战国墓地M4木棺实验室考古简报》，《考古》2013年第8期。

⑤ 陕西省考古研究院、德国美茵兹罗马—日耳曼中央博物馆：《西安市唐代李倕墓冠饰的室内清理与复原》，《考古》2013年第8期。

山西翼城大河口墓葬M6043、M5010实验室考古项目

一、项目背景

  大河口墓地位于山西省临汾市翼城县隆化镇一处三面环山的山梁台地上，西距翼城县城约6千米。墓地面积约为4万余平方米。2007~2011年，山西省考古研究所大河口考古队对该墓地进行了考古勘探及多次大规模抢救性发掘，揭露面积1.5万余平方米，发现墓葬579座、车马坑24座，出土了大量精美的随葬品，并入围2011年全国十大考古新发现。其中一部分发掘资料已于2011年在《考古》上发表[①]。

  由于发掘现场条件有限，为保证考古工作质量及对脆弱质文物进行有效保护，特选择了几座现场难以清理的墓葬，套箱整体搬回室内，进行实验室考古。

  2010年11月8日至20日，对大河口M1、M5010、M6043等墓葬实施整体套箱搬迁，并于12月17日起吊装运，送至中国社会科学院考古研究所安阳工作站。2013年成功完成了对M1壁龛的实验室考古探索，并发表了《山西翼城县大河口西周墓地M1

---

① 山西翼城县大河口西周墓地联合考古队：《山西翼城县大河口西周墓地》，《考古》2011年第7期。

实验室考古简报》[①]，为大河口墓葬下一步的实验室考古进程奠定了基础。

2013年，由于学科建设的需要，山东大学文化遗产研究院按照实验室考古的专业要求，建立了全国高校中第一座室内考古实验室"山东大学室内考古发掘与文物保护实验室"，为大河口墓葬的实验室考古工作提供了物质保障。随后，由山西省考古研究所、中国社会科学院考古研究所与山东大学文化遗产研究院三方合作，组成大河口墓葬实验室考古工作组，分别于2013年11月26日和2014年3月31日将大河口M6043、M5010两座西周墓葬运至山东大学，继续开展大河口墓葬的实验室考古工作。

二、工 作 过 程

（一）实验室建设

由于墓葬中有漆器类脆弱质随葬品，实验室发掘的操作空间需要保持恒温恒湿。温度需要控制在20℃左右，相对湿度应保持在70%以上，为减少强光对文物的影响，室内发掘清理时的光源采用了较高亮度的冷光。

实验室配备了大功率空调机、加湿机等环境控制设备，在清理发掘的整个过程中，对外部环境进行有效控制。同时配备了龙门吊车、翻转车、装载机、运转车等操作设备，以实现对发掘的全方位掌控（图1）。

（二）工作组织

此次的实验室考古发掘项目得到中国社会科学院考古研究所杜金鹏、山西省考研究所谢尧亭、山东大学文化遗产研究院方辉等先生的支持和指导，李存信、朱磊、刘勇、侯玉林负责具体实施。参加发掘、保护及整理工作的人员有龙啸、刘泽军、甘永、丁文慧、王清刚、王琼、蒋来希、岳婧津、王迪、郑商、

---

① 中国社会科学院考古研究所文化遗产保护研究中心、山西省考古研究所翼城大河口考古队：《山西翼城县大河口西周墓地M1实验室考古简报》，《考古》2013年第8期。

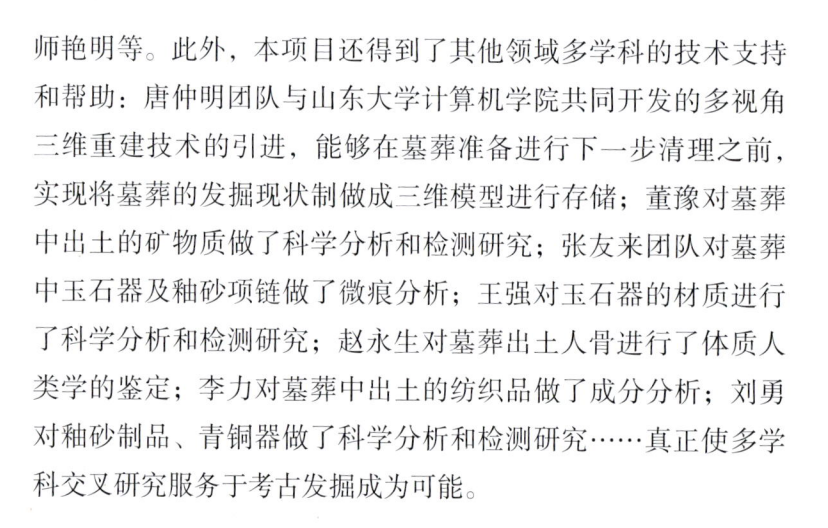

图1 工作人员用龙门吊车调整墓葬的位置

师艳明等。此外，本项目还得到了其他领域多学科的技术支持和帮助：唐仲明团队与山东大学计算机学院共同开发的多视角三维重建技术的引进，能够在墓葬准备进行下一步清理之前，实现将墓葬的发掘现状制做成三维模型进行存储；董豫对墓葬中出土的矿物质做了科学分析和检测研究；张友来团队对墓葬中玉石器及釉砂项链做了微痕分析；王强对玉石器的材质进行了科学分析和检测研究；赵永生对墓葬出土人骨进行了体质人类学的鉴定；李力对墓葬中出土的纺织品做了成分分析；刘勇对釉砂制品、青铜器做了科学分析和检测研究……真正使多学科交叉研究服务于考古发掘成为可能。

（三）方案设计

室内清理之前要预先制定发掘方案并确定相应工作流程，以便在发掘过程中有的放矢，统筹安排发掘力量。

室内清理的工作流程主要可分为四步：

① 初步清理；

②根据遗迹现象逐层清理；
③出土遗存及时分析与保护；
④全程信息采集记录。

同时，发掘方案又具备极高的灵活性，可随时根据发掘现场的揭露情况，通过高清网络摄像头和其他通信工具请教有关专家，实时对发掘方案做出调整。

（四）工作经过

1. 初步清理

套箱放置稳妥后，打开套箱顶板，清除填充空隙的聚氨酯发泡材料，去掉隔离聚氨酯发泡材料和墓葬回填土的塑料布，清理回填土，隔离遗存与回填土的宣纸腐朽严重，用竹签仔细清理。初步清理完成后拍照绘图，清理过程全程录像（图2）。

图2　清理M6043工作现场

2. 清理提取

根据遗迹现象逐层清理，每层整体揭露，绘图拍照，清理全程录像。

实验室常备头戴式放大镜、体式显微镜及其他分析检测仪器，清理到不明遗迹时及时在显微镜下观察分析，全面记录遗迹信息。出土不明材质遗存及时送样检测分析，为下一步清理提供依据。

对于像M6043墓顶蛤蜊壳等有可能包含图案信息的遗存，清理时为了保留其原始位置信息，采取将蛤蜊壳分区编号的方法，遂依原样复原到聚氨酯泡沫板上（图3）。

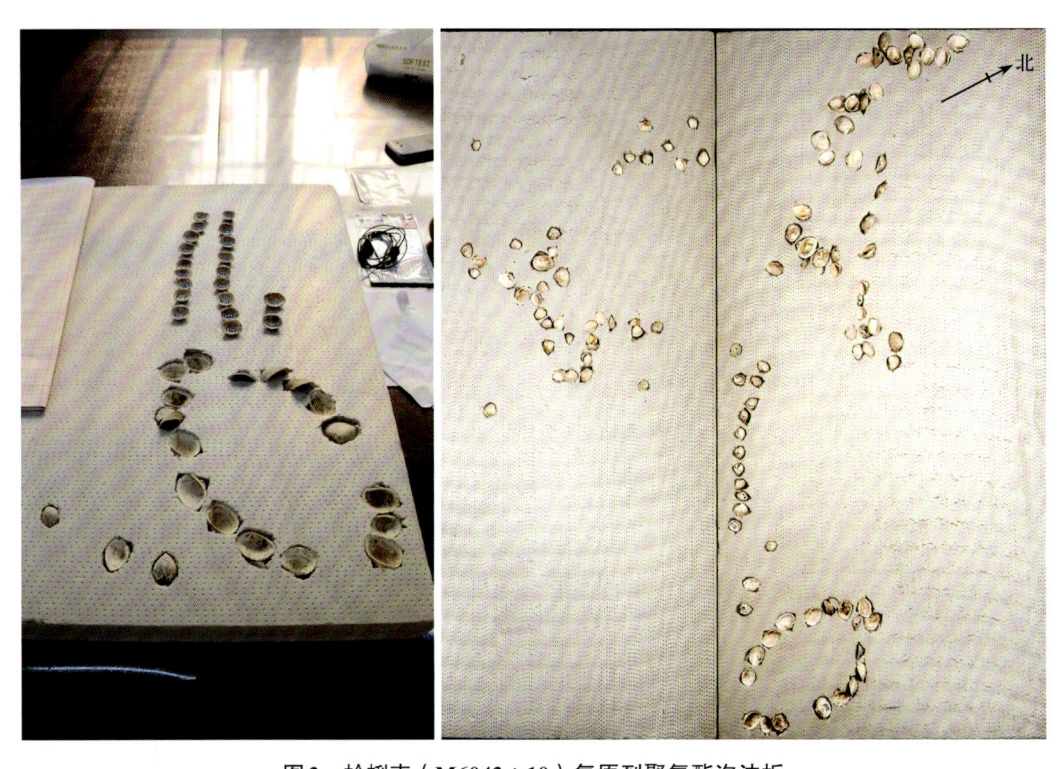

图3　蛤蜊壳（M6043∶10）复原到聚氨酯泡沫板

针对漆器、纺织品等脆弱质遗存及时采取相应保护措施，并整体提取保护（图4）。

3. 信息记录

同时，运用山东大学计算机学院开发的多视角三维重建技术，在墓葬准备进行下一步清理工作之前，将墓葬的发掘现状制做成三维模型进行存储清理，精确记录遗存形貌及位置信息（图5）。

图4 纺织品（荒帷）土样采集

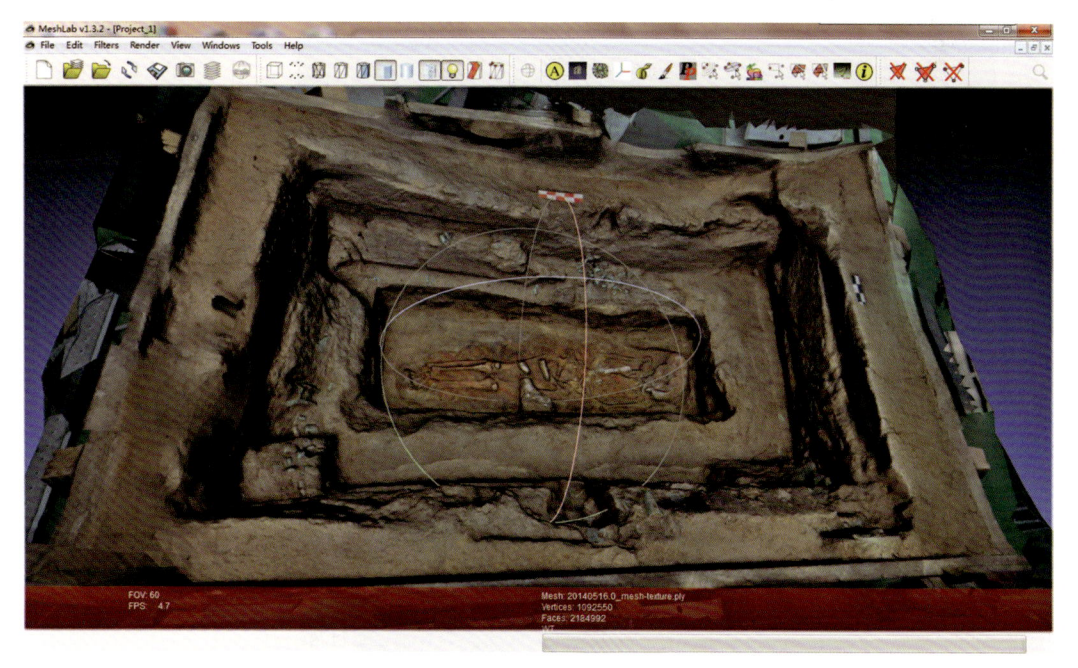

图5 利用多视角三维重建技术制作M5010的三维模型

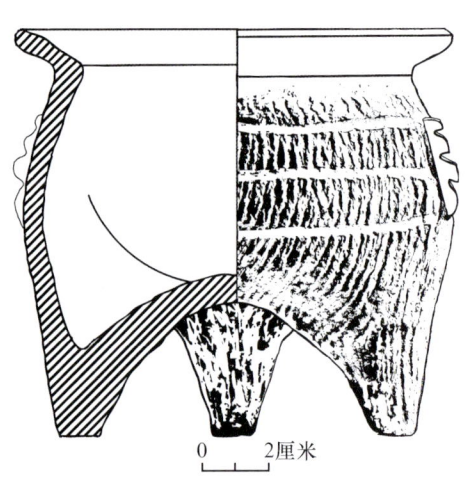

图12　陶鬲（M6043∶2）

肩部以下饰绳纹，口径11.6、底径10、腹径15.5、高16.5厘米，重1455克，容积1195毫升（图13）。

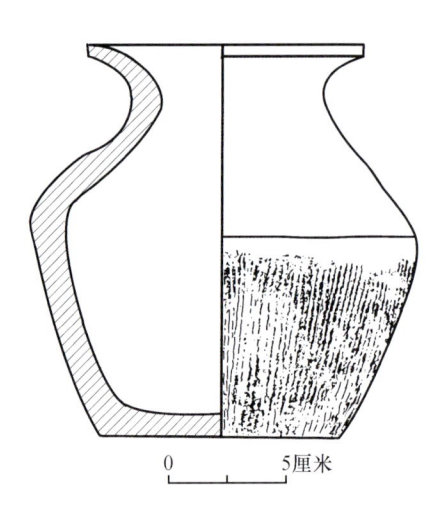

图13　陶罐（M6043∶12）

3. 漆木器

共2件，为水器、食器。

漆木匜　1件，M6043∶8出于墓葬东北角。已完全腐朽，仅在土层表面有黑色髹漆痕迹。从形状判断，疑似漆木匜（图14）。

图14 漆木匜
(M6043∶8) 出土情况

漆木豆 1件，M6043∶9出于墓葬东部，在土层表面有黑色髹漆痕迹，从形状判断，疑似漆木豆（图15）。

图15 漆木豆
(M6043∶9) 出土情况

4. 玉石器

共4件（组），均出于棺内。其中包括柄形器2件（组）和项饰2件。

柄形器　2件（组）。

M6043：1出于墓葬中部棺盖表面。黄绿色白云母，梯形长条，长9.5、榫头宽1.6、底宽2.1、厚0.36厘米（图16）。

M6043：4出于墓主人腹部。由一件柄形玉饰和一组附饰组成。柄形玉饰（M6043：4-1）为深绿色透闪石，器身扁平似璜，受沁部位呈乳白色斑纹，顶端有小榫头，背脊有一组扉牙，末端两角有两组扉牙，器长9、宽2.7、厚0.3厘米。附饰形状不一，多为带扉棱的条形白云母片及细小的绿松石（图17、图18）。

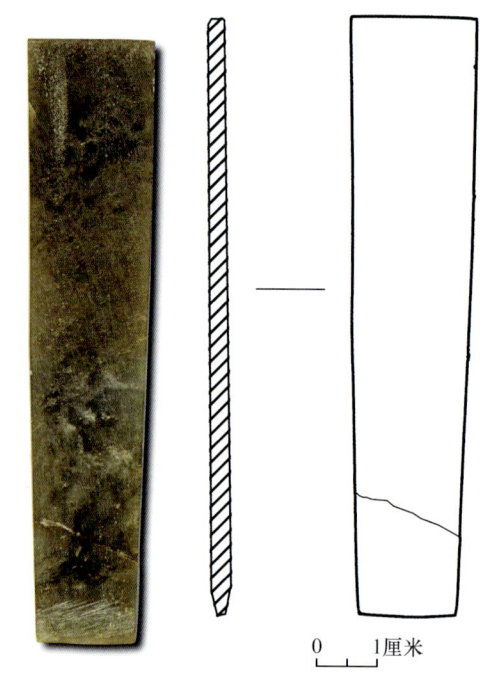

图16　柄形器（M6043：1）

图17　柄形器出土情况

山西翼城大河口墓葬M6043、M5010实验室考古项目 | 53

图18 柄形器（**M6043：4**）

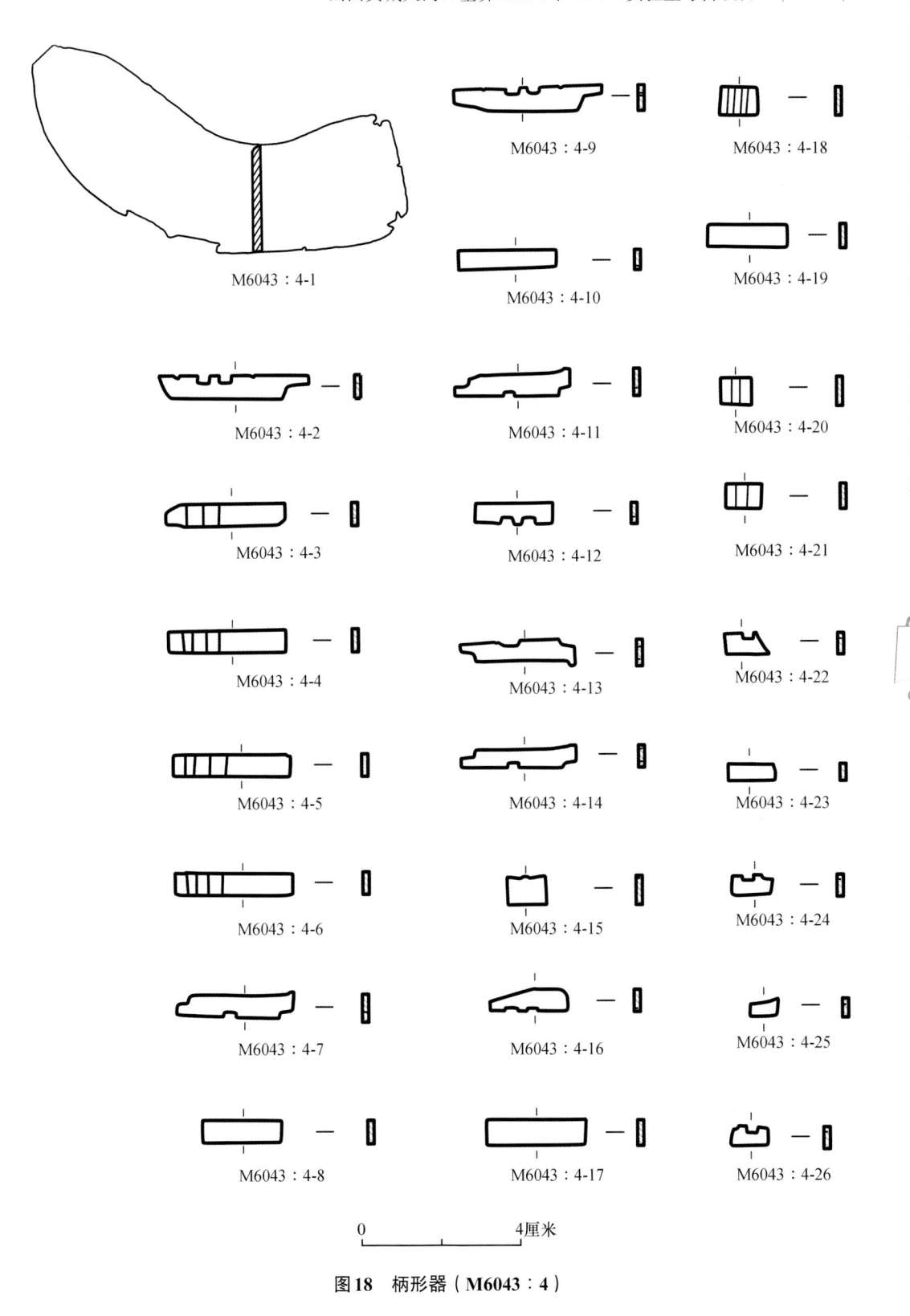

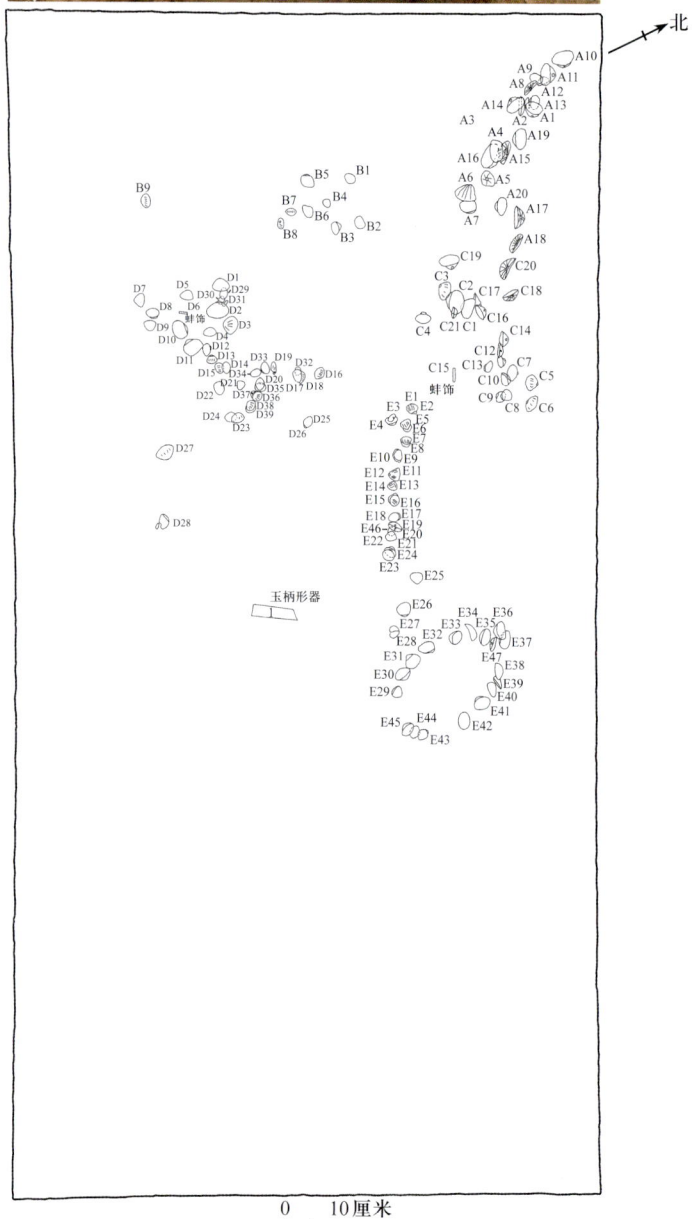

56 | 精致考古——山东大学实验室考古项目论文集（一）

图21　蛤蜊壳（M6043∶10）分布图

山西翼城大河口墓葬M6043、M5010实验室考古项目 | **57**

图22　蛤蜊壳下层荒帷痕迹

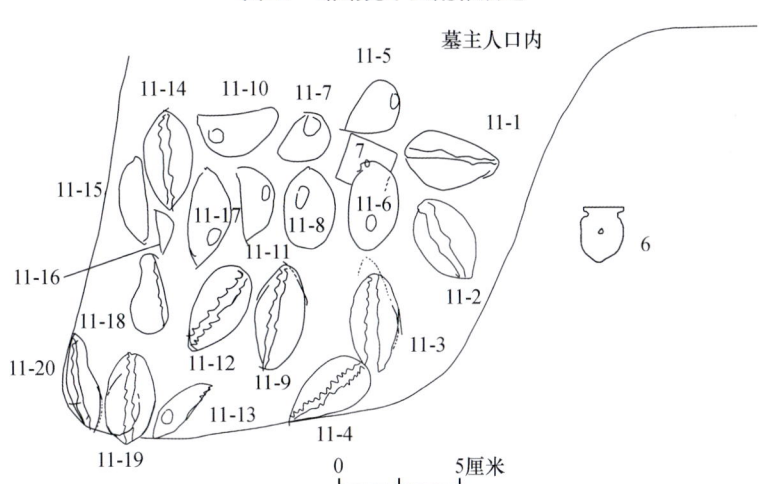

图23　口含齿贝第一层分布图

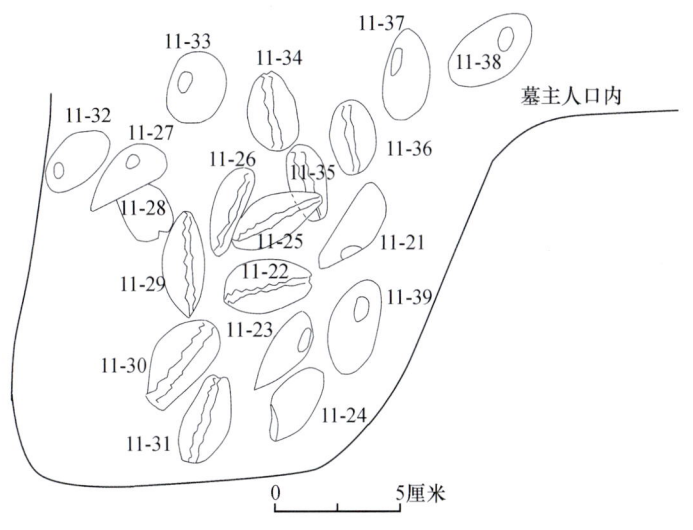

图24　口含齿贝第二层分布图

6. 釉砂制品

釉砂项链 1组，M6043∶3出于墓主人颈下。由大约240颗绿色釉砂串珠串成（保存较为完整的有141颗），其中除管状2颗，连体1颗之外，均为穿孔圆珠，绿釉白胎，直径约0.6厘米。根据出土时串珠的分布情况推断，应为4串，沿墓主人身体方向自上而下将4串釉砂串珠编号为A、B、C、D。串珠较为完整者A串30颗，B串52颗，C串36颗，D串23颗（图26～图28）。

图25 M6043∶11-4 正反面合成照片

图26 釉砂项链出土情况（M6043∶3）

7. 矿物质粉末

墓葬中发现有小面积银灰色颗粒，经检测为锡石，推测可

较完整串珠
A 串 30 颗
B 串 52 颗
C 串 36 颗
D 串 23 颗

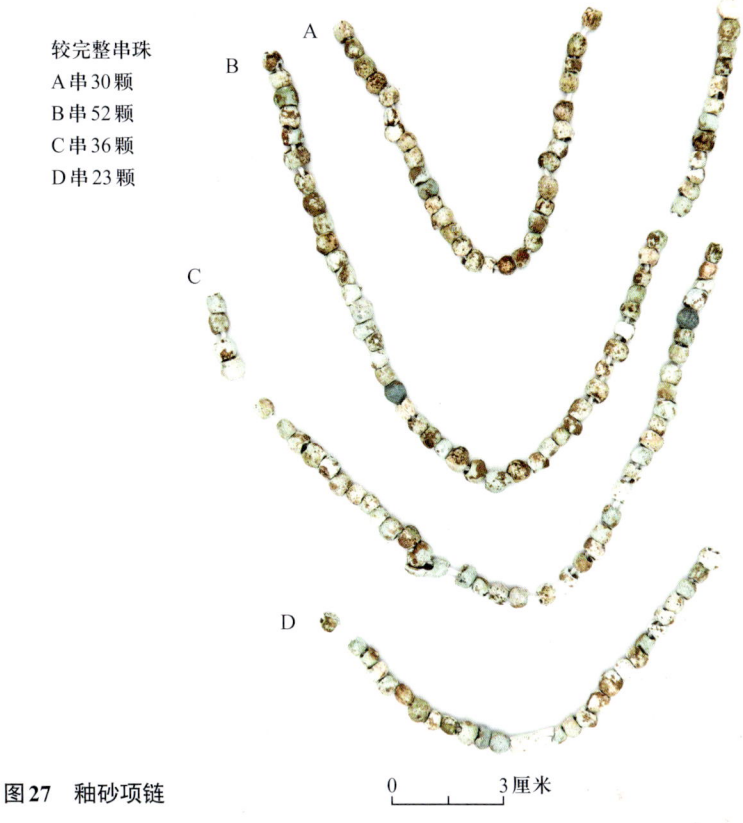

图 27　釉砂项链

图 28　釉砂串珠显微照片

能是由锡器粉化而成，器形不明（图 29）。填土及墓主人身体周围有大面积红色痕迹，经检测以赤铁矿为主，杂有少量朱砂（图 30）。

图29　锡石粉末分布情况

图30　墓主人身体周围红色痕迹分布情况

四、M5010

M5010位于大河口墓地第五发掘区南部，东北邻车马坑（CH12）北邻M5024、西南邻M5012。墓口为东西向长方形，东西长3、南北宽1.5米；墓圹四壁呈袋状向外扩张，不规整；墓口距二层台深4米，与二层台面平齐的墓圹东西长3.4、南北宽1.9米，同时该平面发现清晰的椁盖板痕迹，在椁室外东侧中间部分发现木柱孔痕（图31）。为保护椁室结构，决定停止田野发掘，整体搬迁回室内作进一步清理保护。

该墓起取范围长352、宽205、高180厘米。

（一）墓葬形制

实验室发掘结果显示，M5010墓葬方向为270度。墓口长3.4、宽1.9、墓深1.6米。葬具为一椁一棺，椁东西长约2.7，南北宽约1.5米，棺位于椁内中部偏南，长2.57、宽0.9米（图32~图36）。

墓主人仰身，头向西，双手交叉置于腹部，右手压在左手之上。人骨保存较差，经鉴定，墓主人为男性，年龄约为40~45岁[1]。墓主人身上及周围发现有红色粉末，经鉴定是朱砂[2]。随葬品置于棺盖之上及棺椁之间，主要有铜器、玉石器、骨器等（图32）。

（二）随葬器物

1. 青铜器

共259件（组），种类有礼器、乐器、兵器、工具、车马器等。

（1）礼器　2件

鼎　1件，M5010：270出于南椁壁外侧填土中。较完整。立耳、敞口、方唇、浅腹、圜底、三柱状中空鼎足。范铸，底

---

[1] 详见本书《山西翼城县大河口两座西周墓葬出土人骨的鉴定》一文。
[2] 详见本书《山西翼城大河口墓地M5010和M6043出土红色粉末鉴定报告》一文。

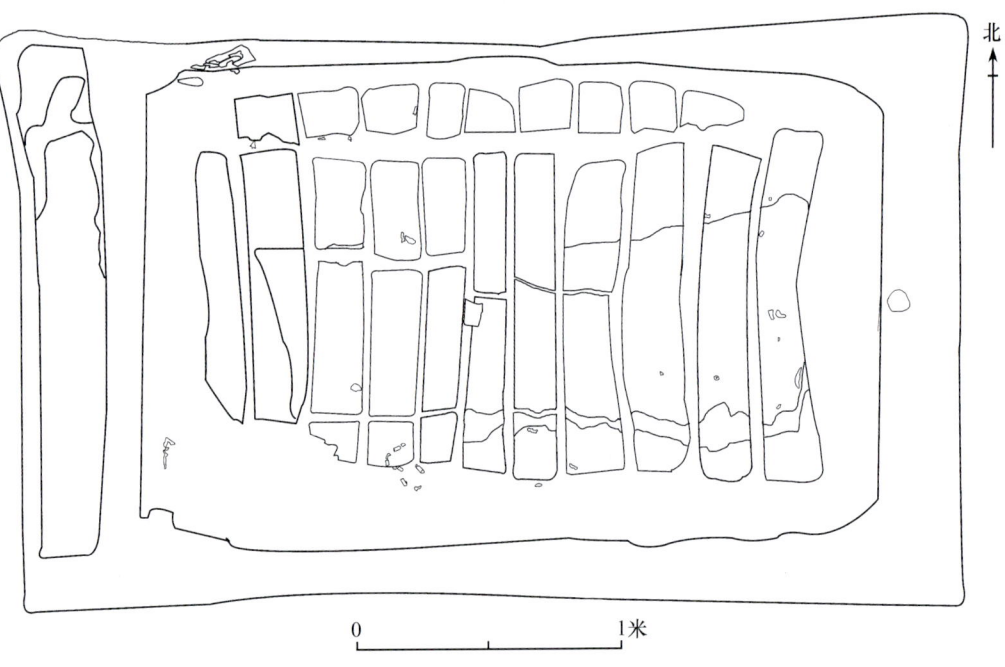

图31　M5010椁顶盖板痕迹

部有双线三角形披缝（铸痕凸起）。口径23.1、通高19.1、耳高4.9厘米。重1113克，容积1250毫升（图37）。

盂　1件，M5010：268出于北椁壁的外侧填土的中段位置（图38）。较完整。敞口、尖圆唇、附耳、斜直腹、圜底、圈足。上腹部饰一圈夔龙纹。锈色以蓝灰为主，间有少许红褐色锈。范铸，底部有多处补疤。口径20.7、底径16.4、通高14.3厘米。重1906克，容积为2500毫升（图39）。

内有铭文四行，大多模糊不清，通过X射线片（图40）识读如下：

正月初吉癸丑□守嗌（貝？）

□（鑄？）（盂？）（簋？）□□□拜

稽首對揚□（休？）

孫孫子子其萬年（永？）（寶？）

（2）乐器　10件

铃10件，分3式。

Ⅰ式　2件，出于M5010中部。标本M5010：117，较完整，顶部有钮，铃体为合瓦形，受压变形，腔内无鼻而顶上有一孔以系铃坠，器表饰阳线的简化兽面纹，外表面均发现有纺织品痕迹。通高16.8、宽10.5厘米（图41）。

Ⅱ式　7件，标本M5010：21，顶部有钮，铃体为合瓦形，表面饰阴线竖条纹刻槽，腔内无鼻而顶上有一孔以系铃坠。通高5.3、宽3.1厘米。坠长3.9、最厚0.9厘米（图42）。

Ⅲ式　1件，M5010：266保存较好，顶部有钮，铃体为合瓦形，腔内无鼻而顶上有一孔以系铃坠，孔中残留线绳，器表饰阳线的简化兽面纹。通高8.17、宽5.79厘米（图43、图44）。

（3）兵器　2件

戈　1件，M5010：245出于墓葬西北角，保存较完整。长援，直内，长胡，四穿，中部起脊棱，无上阑，下阑前倾，内为长方形，后端下角有一直角形小缺，内中部有一横向长方孔，全长22、高12、援长15、刃宽3.4厘米（图45）。

镞　1件，清理M5010：8铜铃时发现，M5010：264出于铜铃内部，疑似铃坠替代物。镞身宽扁，两翼宽且长，铤部细长，作圆柱形，向一侧弯折。通长5.3厘米（图46）。

图33 M5010棺顶平面图

图34 M5010墓底平面图

图35 由MeshLab三维软件生成的M5010北向剖视图

图36　由MeshLab三维软件生成的M5010西向剖视图

图37　鼎（M5010∶270）

（4）工具

刀（削）　1件，M5010∶257出于墓主人右肩部，从刀柄部断为两截。凸背，凹刃，长柄，柄首有长方环。长14、刃宽1.8、厚0.2～0.5厘米（图47）。

（5）车马器　123件（组）

銮铃　6件，均比较完整，仅1件M5010∶230出于M5010椁底东南角，其余5件出于M5010椁底西北角。形制基本相同，

图38 青铜盂出土情况

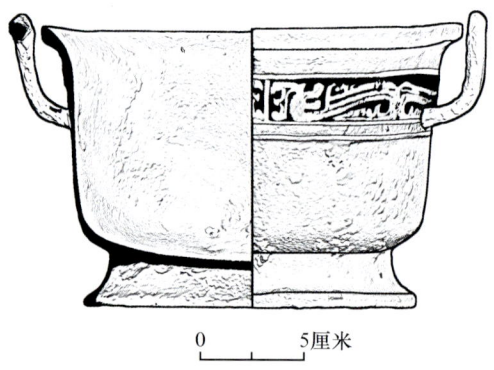

图39 盂（M5010：268）

体积存在大小差异。铃球正面呈横椭圆形，外缘为四个内弧的规则长条形，铃颈呈上下等宽的窄长方体。銮座正面呈梯形。根据体积大小分为三式。

Ⅰ式 标本M5010：253，通高17.5、铃盘宽10.39、高8.42厘米，座高7.1、座前面高6.9厘米，胎厚0.45厘米。

图40 青铜盂拓片及X射线片

图41 I式铜铃（M5010:117）

图47　铜刀（M5010：257）

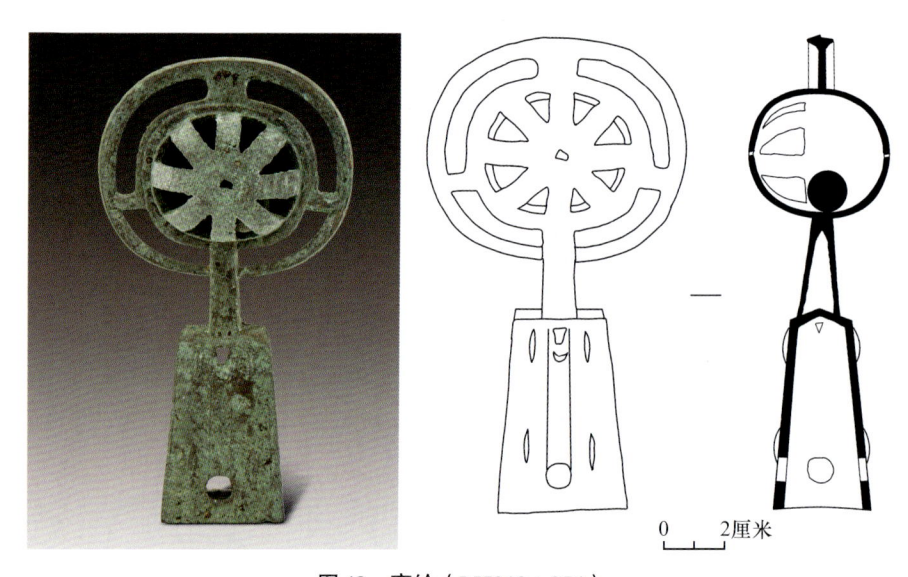

图48　銮铃（M5010：254）

车軎　2件。标本M5010：11器身作斜壁圆管状，外侧顶端饰卷云纹，外周为同心箭纹和横鳞纹，器身中部饰两条凸棱，近内端有上下对穿的长方形辖孔。长11.2厘米，外端径4.6、内端径5.9厘米，辖孔长2.7、宽1.1厘米，胎厚0.4厘米（图49）。

辖　2件，分别出于南壁中部和西北角。标本M5010：225辖首正面为一兽头，圆睛高鼻，额上有一横梁，连接到后面的方形背座上，兽头下侧有键，键上无穿。长12.1厘米，头宽3.2、高3.4厘米（图50）。

衔镳　4组，分为两式。

Ⅰ式　2组，标本M5010：87（图51）。

图49　车害（M5010∶11）

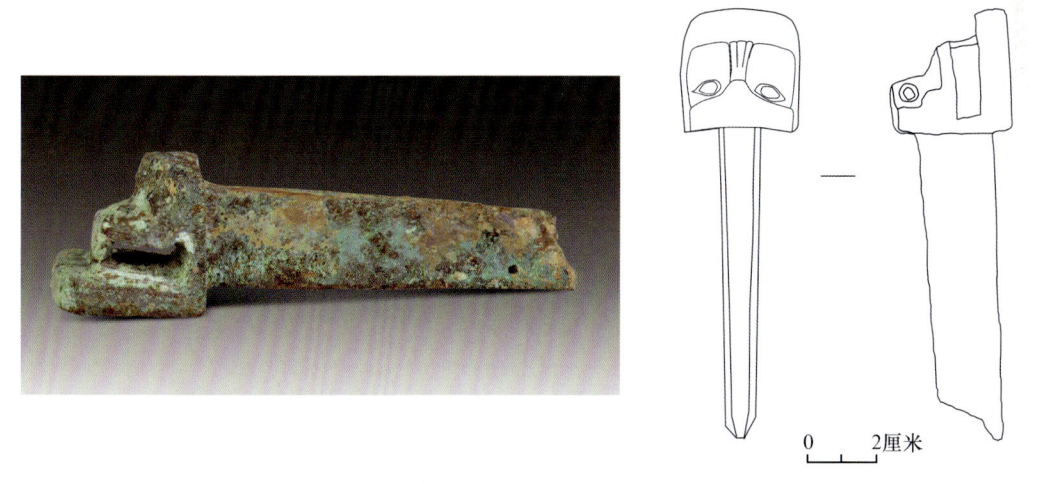

图50　辖（M5010∶225）

衔　由两个8字形套环连在一起的双节铜衔，通长19.4、单衔长10.3厘米。内环较大为水滴形，长径4.3、短径3厘米。外环较小，为圆角方形，孔长2.5、宽2厘米。

镳　为曲体条形，顶端圆弧形，由凸棱分为七节，饰双排垂鳞纹，背面中部有两个横鼻。器长12、下宽1.2厘米，圆头宽

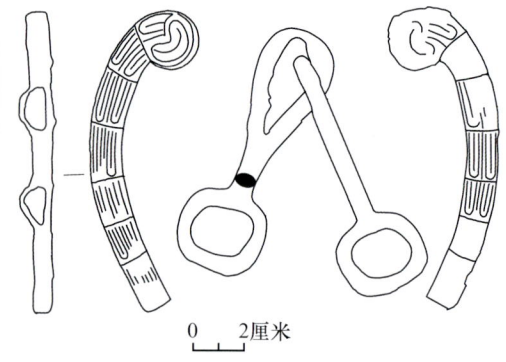

图51 衔镳（M5010∶87）

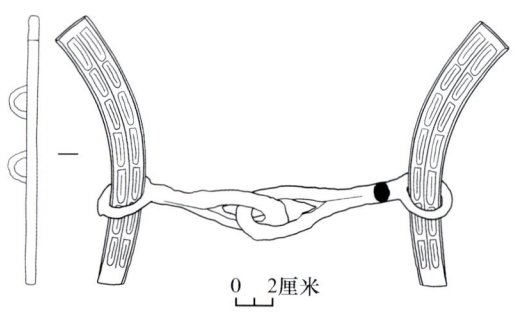

图52 衔镳（M5010∶41）

2.3、厚1.1厘米，鼻高1.2厘米。

Ⅱ式 2组，标本M5010∶41（图52）。

镳 上宽下窄弧形长条形，长14、下宽2、上宽1.5、厚0.5厘米、钮高0.95厘米。

衔 双节铜衔，内环较大为水滴形，外环较小，为圆形，镳为长条弧形，饰双排垂鳞纹，背部有两个半环状竖钮。通长20、单衔长12、内孔长径3.6、外孔径2厘米。

辔饰包括管饰、节约。

管饰 78件。均比较完整，分布在墓葬二层台的东北角和南部偏西的位置。标本M5010∶71为圆形细管高2.9、直径1.3、厚0.1厘米（图53）。

节约 23件。分为三式，较完整。仅M5010∶51出于M5010东北角，其余15件均出于南部二层台

图53 管饰（M5010∶71）

西部。为十字交叉的四通饰件，背部有亚字形孔洞，根据正面交叉处的纹饰可分为两式。

Ⅰ式 8件。标本M5010：85正面交叉处为一圆形兽面纹，长4.5、宽4.5、厚约0.13厘米（图54）。

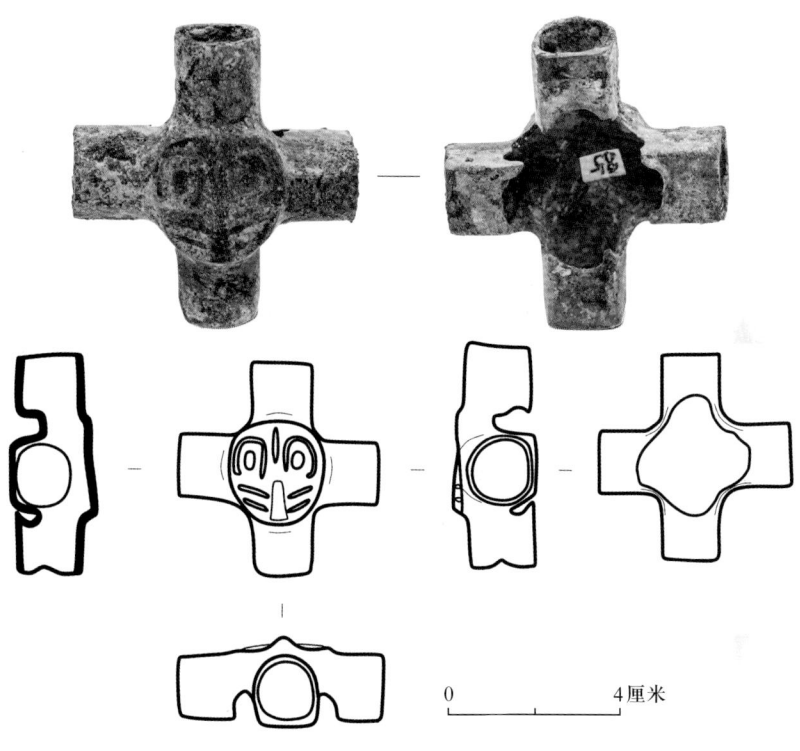

图54 Ⅰ式节约（M5010：85）

Ⅱ式 8件。标本M5010：183正面为变形鸟面形纹饰，长4.5、宽4.3、厚约0.13厘米（图55）。

Ⅲ式 7件 标本M5010：45为X形交叉的四通饰件，背部有X形孔洞。长5.1，宽3.6，铜管直径1.3厘米（图56）。

马胄 8件（4对）。两两对称。标本M5010：63。用厚约0.1～0.3毫米的薄铜片制成。整体呈三角形卷云形，底边有一凹入的缺口，器表饰以夔龙纹和窃曲纹。周边有一圈窄边，其上有七组两两成对的钉孔。底宽27.5、高38厘米（图57）。

（6）棺椁饰 121件

翣 1件，M5010：269出于南椁壁外侧填土中。残。整体近方形，器表饰以镂空兽面纹，周边有一圈窄边，宽24、长25.5厘米（图58）。

图55　Ⅱ式节约（M5010：183）

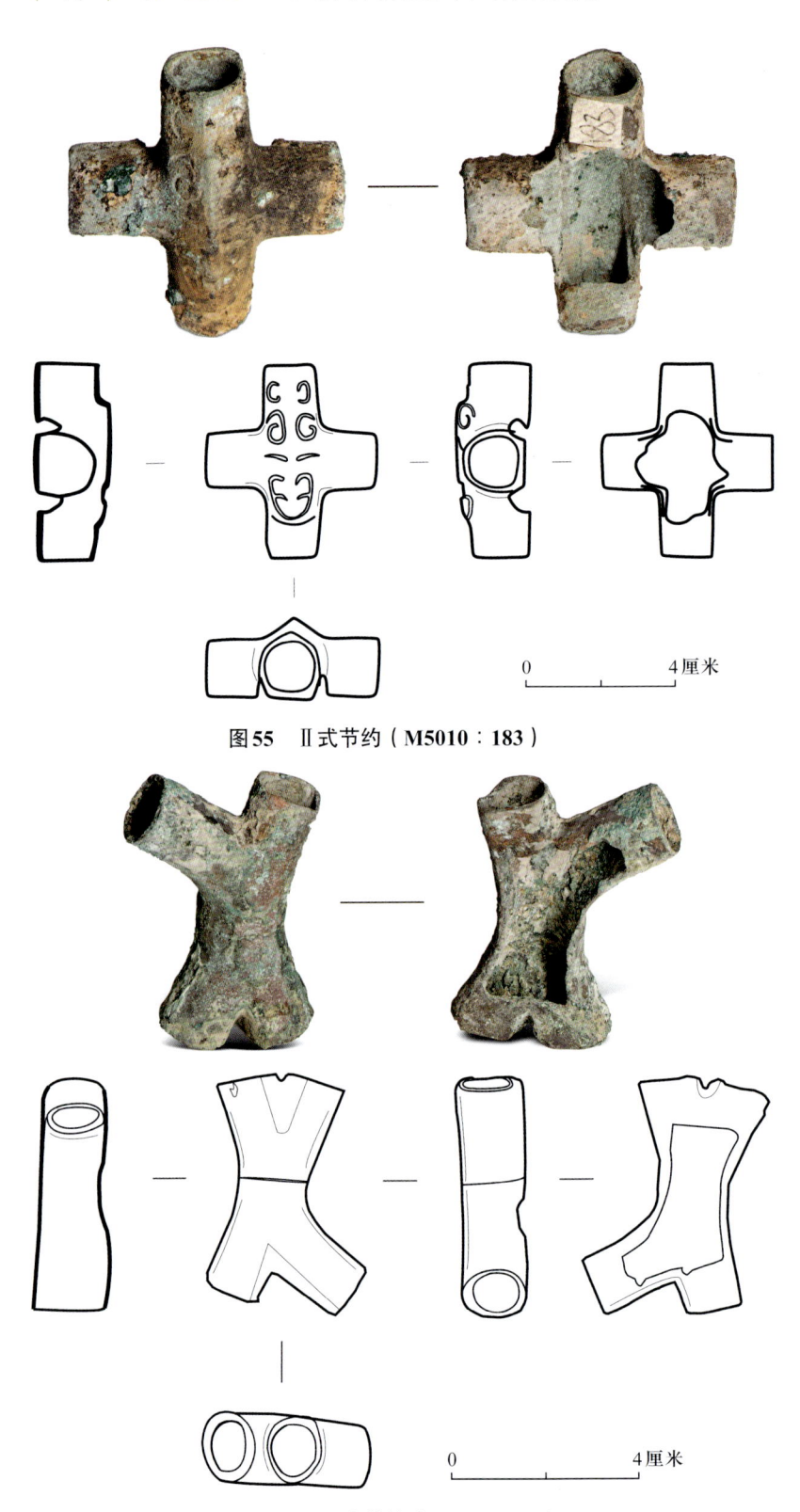

图56　Ⅲ式节约（M5010：45）

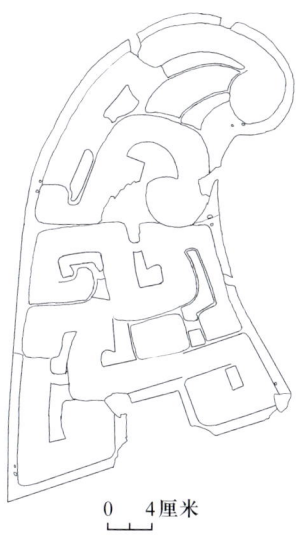

图 57　马冑（M5010∶63）

图 58　翣（M5010∶269）

鱼　120件。标本M5010∶19，长4.7、最宽处1.8、厚0.1厘米。有许多能够明显看到孔部有系绳痕迹，有些铜鱼表面有木质纤维痕迹M5010∶128头部有纺织品痕迹，疑似麻质，长5厘米（图59）。应为荒帷上所悬饰物。

2. 陶器

共2件，为炊器、食器。

鬲　M5010∶271出于南椁壁外侧填土中。残。夹砂灰陶，侈口，口部严重倾斜，束颈，鼓肩，连裆，矮锥足，肩部以下

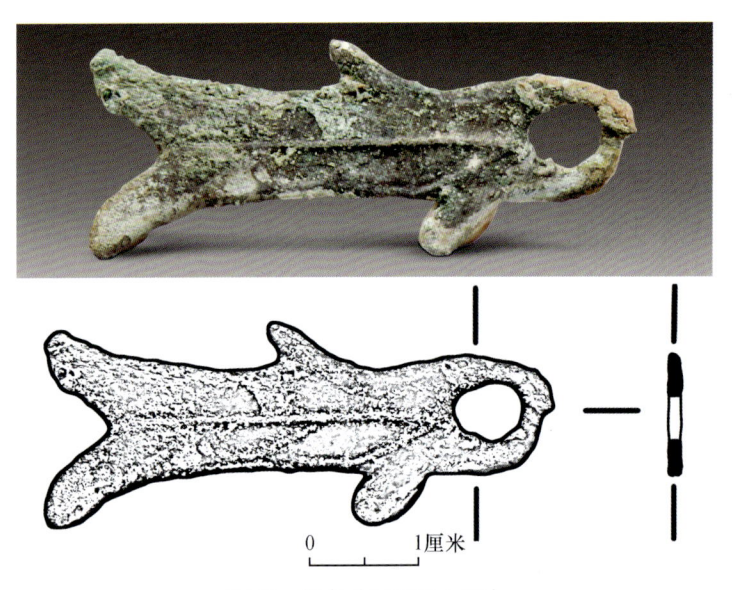

图59 铜鱼（M5010∶19）

拍印绳纹，口径14.7、腹深9.6、通高14厘米，重857克，容积1075毫升（图60）。

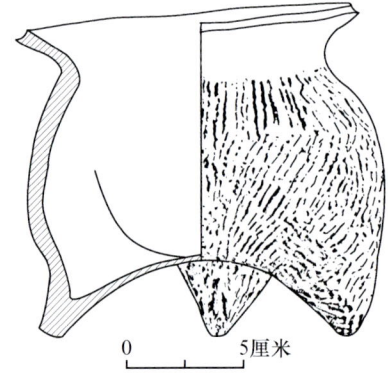

图60 鬲（M5010∶271）

豆柄 M5010∶272 出于南椁壁外侧填土中。残。泥质灰陶，残高约7.5厘米（图61）。

3. 漆木器

共1件，为盒。

漆盒 M5010∶273 出于南椁壁外侧填土中，在土层表面有红色及黑色髹漆痕迹，保存状况较差，髹漆基本都已脱落。从形状判断，推测漆器应是一长方形漆盒，长32、宽26、高11厘米（图62）。

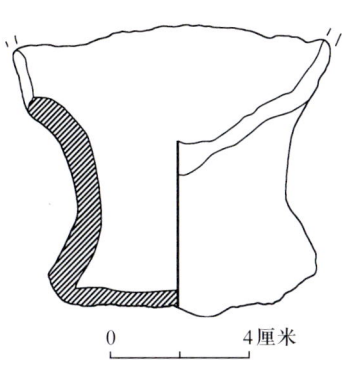

图61 豆柄（M5010：272）

图62 漆盒（M5010：273）

4. 玉石器

共9组，包括柄形器组饰7组、玉覆面1组及口含1组。

（1）柄形器组饰　7组形制各异，均是由柄形器及若干细小附饰组成（图63）。

M5010：55，由3件柄形器及若干细小附饰组成，集中出于棺内北侧中部，有贴蚌现象（图64、图65）。

M5010：55-2，青白色白云母薄片，平面呈圭形，残长9.5、宽3.5、厚约0.3厘米（图66）。

图64 柄形器组饰出土情况
（置于墓主人身上部分）

图65 柄形器组饰出土情况
（贴附于北棺壁部分）

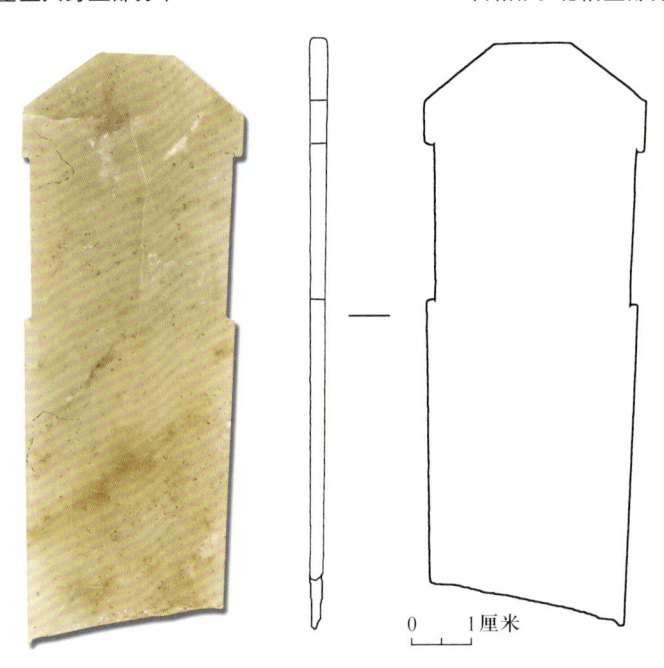

图66 柄形器（M5010∶55-2）

M5010∶55-31，青绿色白云母薄片，平面呈长方形，长7、宽3、厚约0.2厘米（图67）。

图67 柄形器（M5010：55-31）

M5010：55-74，白云石大理岩，全部受沁为鸡骨白，基质颜色不可辨。质地疏松，残损严重。

M5010：55-73，青白色白云母薄片，平面呈弧边梯形，残，榫头不明显，长9.4，宽1.9～3.6，厚0.2厘米（图68）。

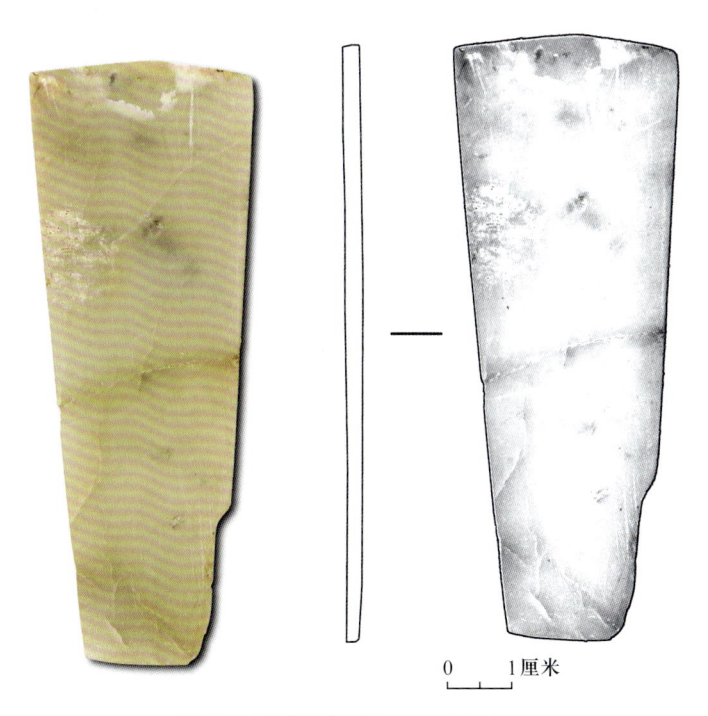

图68 柄形器（M5010：55-73）

M5010:232，出于M5010西部，方解石大理岩薄片，平面呈梯形，残。长8.1、上底宽3.5、下底宽4.1厘米，厚度不均，中部略鼓，约0.25厘米（图69）。

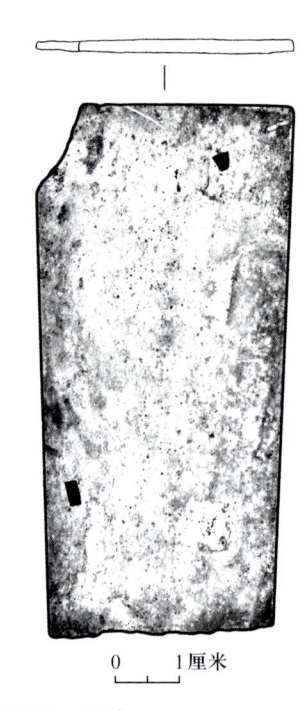

图69 柄形器（M5010:232）

M5010:267，白云石大理岩，平面为长条形，断成三截，风化严重。长10.4、宽1.5~1.9、厚0.4厘米（图70）。

M5010:256 出于墓主人右腹部，由2件柄形器和15件附饰构成。M5010:256-1，方解石大理岩薄片，残，平面呈刀形，白色，底部末端斜收，残，残长17、刃长14、宽2.7、厚0.3~1厘米。M5010:256-2，黄绿色透闪石玉器薄片，平面呈弧边梯形，上底末端斜收。长8.3、上底宽2、下底宽3.5、厚0.3厘米（图71）。

（2）玉覆面 1组，M5010:258，共33件，均出于墓主人头部，保存较完整，略有位移，参考其他西周玉覆面的情况，基本能够推测出其原始位置（图72~图74）。玉覆面全部由形制各异的白云母片制作而成。周边围绕有16片三角形缀片。面部有额、眉、目、鼻耳、脸颊、嘴、腮共17件。背面皆为平直无纹饰。其中额形器、鼻形器和两件S形眉形器从侧面至背部穿孔，其余皆为两端正背穿孔。孔径0.1厘米。是缝缀在覆盖于墓

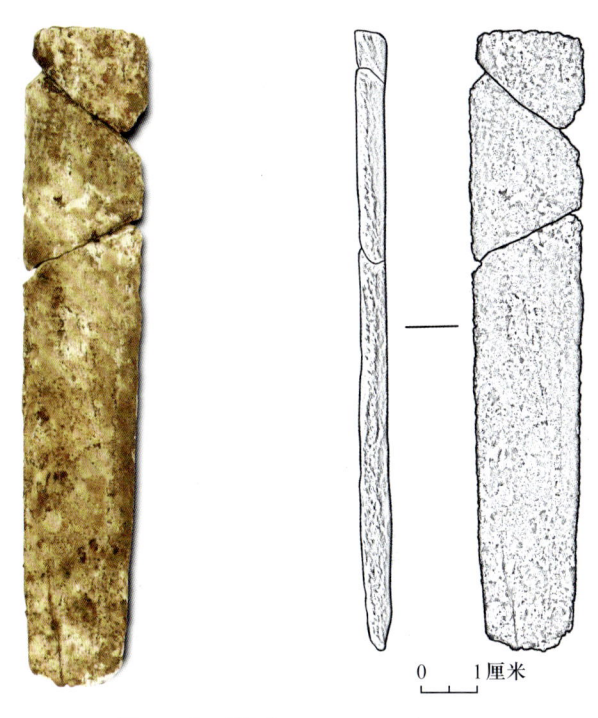

图70　柄形器（M5010∶267）

主人面部的软质幎目之上的玉器。

额形器　1件，M5010∶258-6，平面呈鸭嘴形，长4.74，宽1.52～2.12厘米，中脊隆起，厚度为0.25～0.58厘米（图75）。

鼻形器　1件，M5010∶258-9，平面呈圭形，中脊隆起，长6.1、宽2.8～1.78、厚0.2～1.1厘米（图76）。

颊形器　2件，平面呈L形，中脊隆起，标本M5010∶258-12，长边6.13、短边4.12、宽2.1、厚0.22～0.49厘米（图77）。

嘴形器　1件，M5010∶258-10，平面呈同心枣核形，中间厚边缘薄。通长6.22、宽2.27厘米，内部镂孔长3.36、宽0.49、厚0.14～0.4厘米（图78）。

眉形器　4件，其中呈平面2件，中间厚边缘薄。标本M5010∶258-4，长7.86、宽2.69、厚0.1～0.38厘米（图79）。呈卷云形2件，中间厚边缘薄，标本M5010∶258-8，长4.7、最宽2.8、厚0.26～1.4厘米（图80）。

眼形器　2件，平面呈枣核形，中间厚边缘薄，正面隆起呈拱形。标本M5010∶258-5，长3.56、宽1.8、厚0.88厘米（图81）。

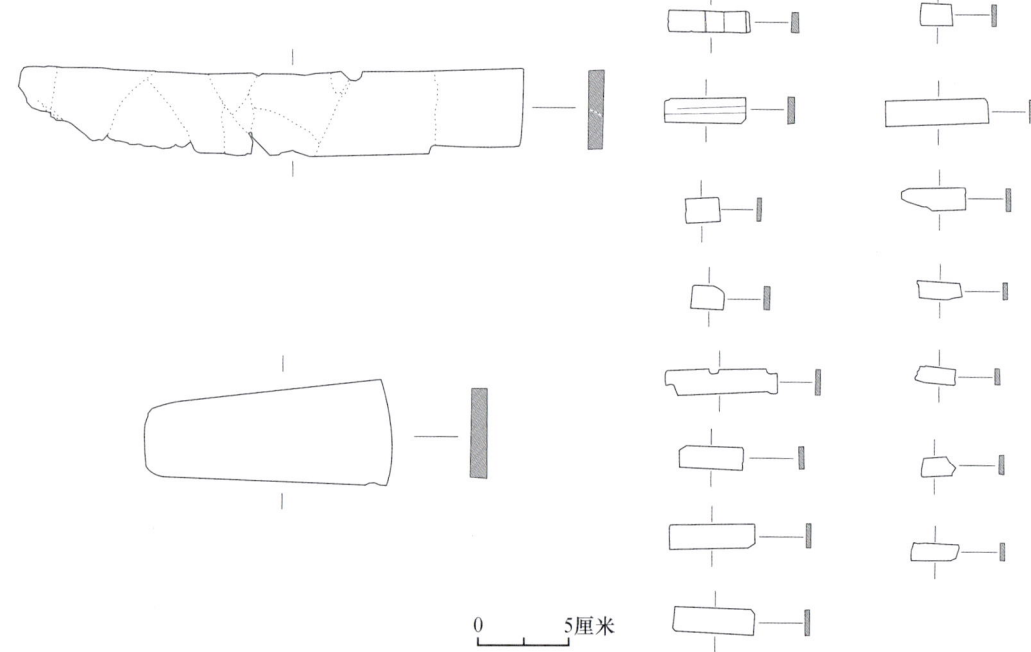

图71 柄形器（M5010∶256）

自上之下编号　第一列：256-1、2
　　　　　　　第二列：256-3、4、5、6、7、8、9、10
　　　　　　　第三列：256-11、12、13、14、15、16、17

耳形器　2件，平面呈蚕豆形，中有3形镂空。标本M5010∶258-17，长4.53、宽3.17厘米，中间厚边缘薄，厚0.1～0.3厘米（图82）。

图 72　玉覆面出土情况

图 73　玉覆面出土时原始状态

图74 玉覆面（M5010：258）

图75 额形器（M5010：258-6）

图76 鼻形器（M5010：258-9）

图77 颊形器（M5010：258-12）

图78 嘴形器（M5010：258-10）

图79　眉形器（M5010：258-4）

图80　卷云眉形器（M5010：258-8）

图81　眼形器（M5010：258-5）

图82　耳形器（M5010：258-17）

须发形器　16件，平面呈等腰三角形，其中8件为素面。标本M5010：258-1，高3、腰长3.24、底边1.9、厚0.09～0.24厘米（图83）。另外8件有直线刻划纹及平齿。标本M5010：258-2，高3.29、腰长3.43、底边2.1、厚0.21厘米（图84）。

唇胡形器　4件。标本M5010：258-28，圆头细尾，平面呈逗号形，长3.3厘米（图85）。

玦　4件（2对），出于墓主人头部两侧。M5010：261为两件形制相同，左右对称的素面玦，质地为黄褐色白云母，器形似璧，一侧有缺口，另一侧有穿孔。标本M5010：261-1，直径5.4、孔径2.8、厚0.3厘米（图86）。

M5010：262为两件形制相同，左右对称的夔龙形玦，器形似璧，中部呈漩涡状，为一盘曲夔龙，一侧有缺口，标本M5010：262-1，直径5～5.4、厚0.2厘米（图87、图88）。

图83 须发形器（M5010∶258-1）

图84 须发形器（M5010∶258-2）

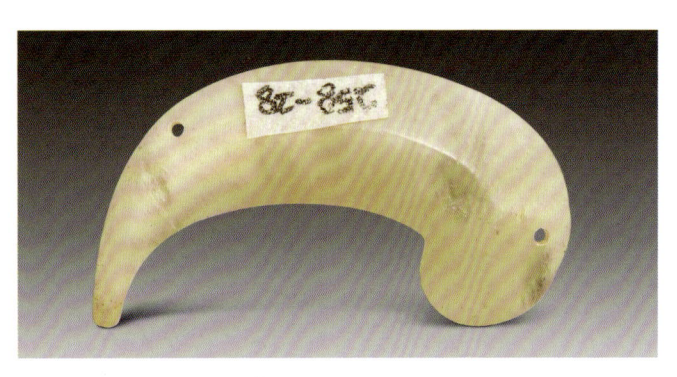

图85 唇胡形器（M5010∶258-28）

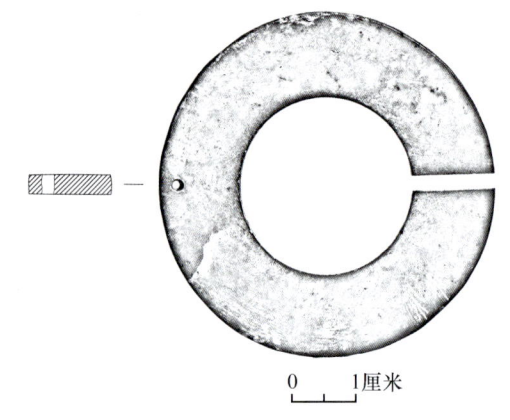

图86 玦（M5010∶261-1）

0　1厘米

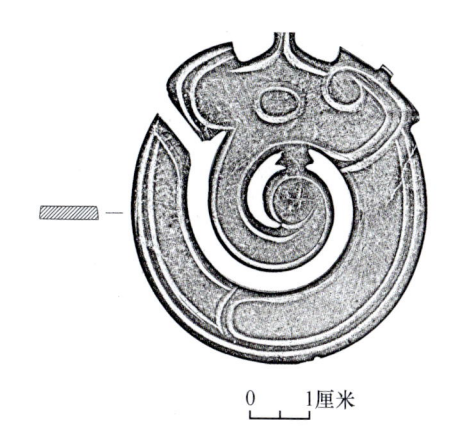

图 87　夔龙形玦（M5010∶262-1）

图 88　夔龙形玦拓片

（3）口含（琀）　1组（M5010∶259），共49块玉石、2枚贝，出于M5010墓主人口中。口含为不规则形状的玉石块（经检测质地为白云母），有的还有人工钻孔痕迹，似为玉石器加工的边角料，长约1厘米（图89）。

5. 骨器

共1件，疑似乐器。

骨器　1件，M5010∶263被墓主人握在右手中，骨器为方柱状、空腔，四面均有钻孔，钻孔位置参差不齐；骨质较为疏松，或为乐器。残长5.3、宽0.9、高0.8、厚0.2厘米（图90）。

6. 蚌贝器

共16件，种类有蚌饰、穿孔文蛤和齿贝。

图89 口含（琀）（M5010：259）

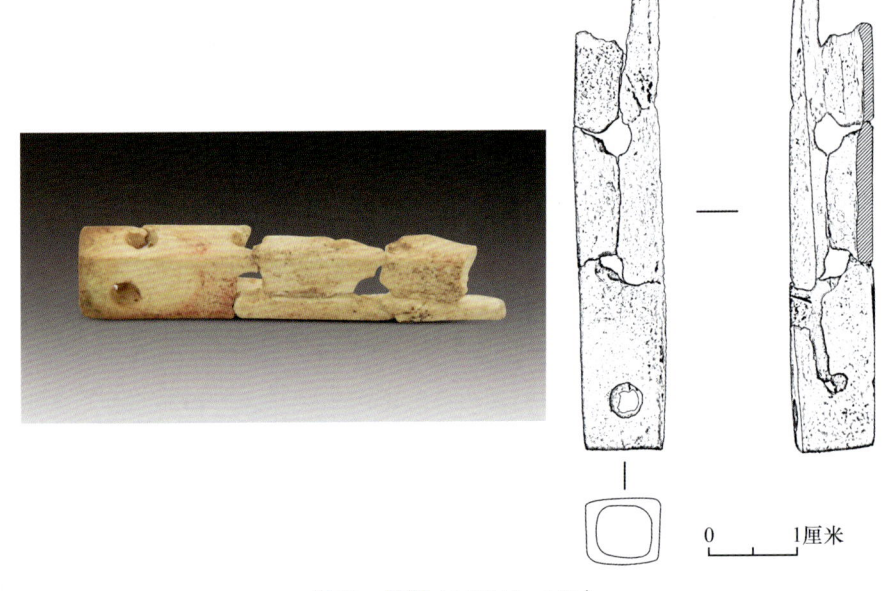

图90 骨器（M5010：263）

蚌饰 12件，形制相似，大小略有不同，整体呈白色圆墩形，中心有圆形圆孔。较为完整的有10件，标本M5010：61，磨制痕迹明显，直径2、厚0.6、孔径0.4厘米（图91）。

穿孔文蛤 1对，M5010：234出于墓葬西部，保存完整，宽4.2～5.2、最厚1.5厘米（图92）。

齿贝 2件，和玉石块同作为口含，形制与M6043出土齿贝相同，标本M5010：259-50，长2.1、宽1.4厘米（图93）。

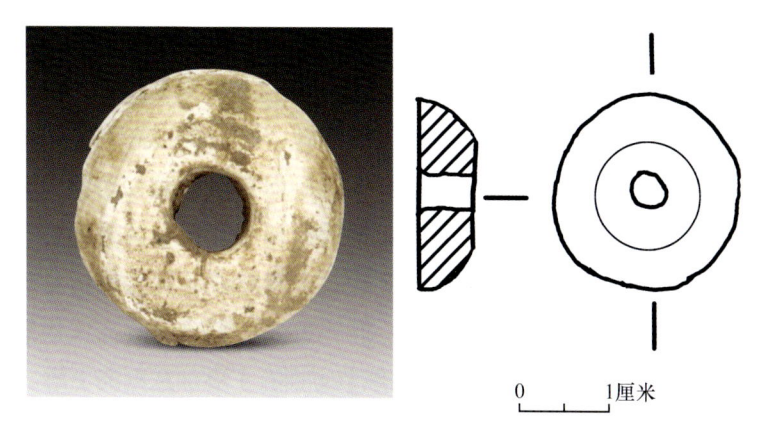

图91　蚌饰（M5010∶61）

图92　穿孔文蛤（M5010∶234）

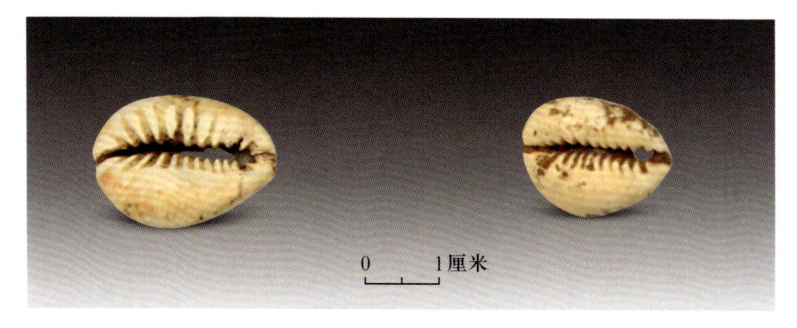

图93　齿贝（M5010∶259-50）

结　　语

（一）考古成果

此次大河口M6043和M5010两座墓葬的实验室发掘及研究工作，是我们对实验室考古规范化工作流程及整合多学科手段

性别鉴定上以骨盆形态为主要判断依据，并参考颅骨形态以及其他骨骼。M5010虽骨骼保存不好，不过其耻骨联合处保存较好，耻骨弓角度偏小，呈V形，再结合外翻明显的左侧下颌角区以及粗壮的胫骨，推测其为男性个体。M6043骨盆保存完好，呈现出明显的女性特征，结合颅骨形态及较纤弱的肢骨，推测其为一女性个体。

相较于性别鉴定，年龄判断较为复杂且准确性较低，因此在判断方法略有区别，不强调以某一处骨骼的形态为主，而是侧重于多方面因素的综合。M5010和M6043出土的骨骼骨骺皆已愈合，都为成年个体，结合耻骨联合面的形态、耳状关节面的形态、现存牙齿的综合磨耗，以及颅内缝的愈合程度等因素，推测M5010的墓主人约为40~45岁，M6043墓主人约为45~50岁。

二、人骨其他情况的观察

（一）龋病

龋病是发生在人体最坚硬的牙齿硬组织上的慢性细菌性疾病，是严重危害人类健康，特别是口腔健康最为严重且普遍的疾病[①]。M5010仅保存的8颗恒齿中有2颗发现龋病，右侧上颌第二前臼齿的远中邻面龋和左侧下颌第一臼齿的远中邻面龋。M6043的22颗恒齿中发现3颗上颌臼齿存在龋病，分别为左侧第二臼齿的远中邻面龋，右侧第二臼齿的远中邻面龋和右侧第三臼齿的面龋，具体情况可见图2。由这两例个体的龋病情况来看，臼齿为最多发的牙齿，最常见的位置为远中邻面，这可能与臼齿齿尖较多，结构复杂容易滋生细菌有关，而且牙齿排列紧密，邻面位置较容易残留食物残渣。

（二）牙齿磨耗

笔者在观察牙齿磨耗时，发现这两例个体前部牙齿（门齿和犬齿）磨耗偏重，为进一步观察此种现象我们观察了牙齿磨

---

① 岳松龄：《现代龋病学》，科学技术文献出版社，2009年，第1页。

图2　M6043右侧上颌第二臼齿和第三臼齿的龋病

耗分级，分级采用美国学者Smith制定的8级标准[①]，并记录于表1。由表1来看，此两例个体皆是前部牙齿的磨耗重于臼齿，说明这两例个体大量使用前部牙齿用于切断和撕裂食物，这主要和个体的用牙习惯和食物结构有关，有可能是进食肉类造成此种现象，表明这两位居民生活水平较高。

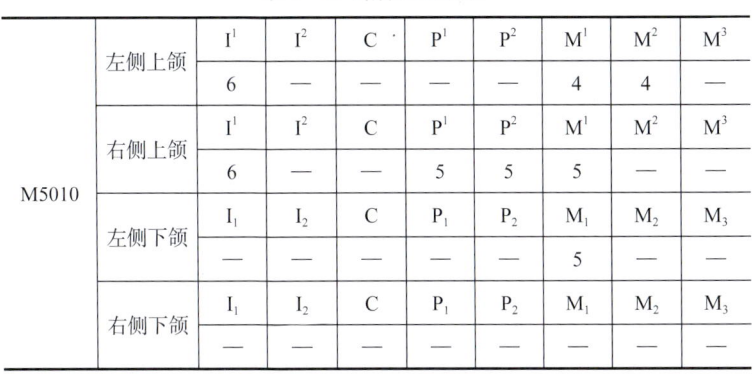

表1　牙齿磨耗记录表

M5010	左侧上颌	I^1	I^2	C	P^1	P^2	M^1	M^2	M^3
		6	—	—	—	—	4	4	—
	右侧上颌	I^1	I^2	C	P^1	P^2	M^1	M^2	M^3
		6	—	—	5	5	5	—	—
	左侧下颌	I_1	I_2	C	P_1	P_2	M_1	M_2	M_3
		—	—	—	—	—	—	5	—
	右侧下颌	I_1	I_2	C	P_1	P_2	M_1	M_2	M_3
		—	—	—	—	—	—	—	—

---

①　转引自刘武、张全超、吴秀杰等：《新疆及内蒙古地区青铜：铁器时代居民牙齿磨耗及健康状况的分析》，《人类学学报》2005年第1期，第32—53页。

续表

		I^1	I^2	C	P^1	P^2	M^1	M^2	M^3
M6043	左侧上颌	5	5	7	4	4	4	4	—
	右侧上颌	I^1	I^2	C	P^1	P^2	M^1	M^2	M^3
		—	—	6	5	4	4	4	4
	左侧下颌	I_1	I_2	C	P_1	P_2	M_1	M_2	M_3
		—	—	6	—	4	4	4	4
	右侧下颌	I_1	I_2	C	P_1	P_2	M_1	M_2	M_3
		—	—	—	4	—	4	4	5

（三）跪踞面

M6043女性个体趾骨保存完好，其趾骨头后侧存在圆形凹坑，无论左右侧，从第一趾骨到第五趾骨都有此种现象，从形态上看第一趾骨最为明显，具体情况见图3。王明辉在研究滕州前掌大商周时期人骨时也发现此种现象，他称此种现象为"跪踞面"。他认为这种现象不是先天形成的，也不是脚部疾病造成的，而是由于长期跪坐导致，具体的跪坐姿势是：双膝并拢着地，双脚并拢，臀部坐于双脚跟上，双脚脚尖朝向前面。由于这种跪坐姿势，受力点位于前端的膝盖和后端的趾骨，因此会在髌骨和脚骨上同时留下跪坐迹象，即髌骨长期受力产生明显的骨刺。墓主人长期以此种姿势跪坐，使得趾骨底部上端向后

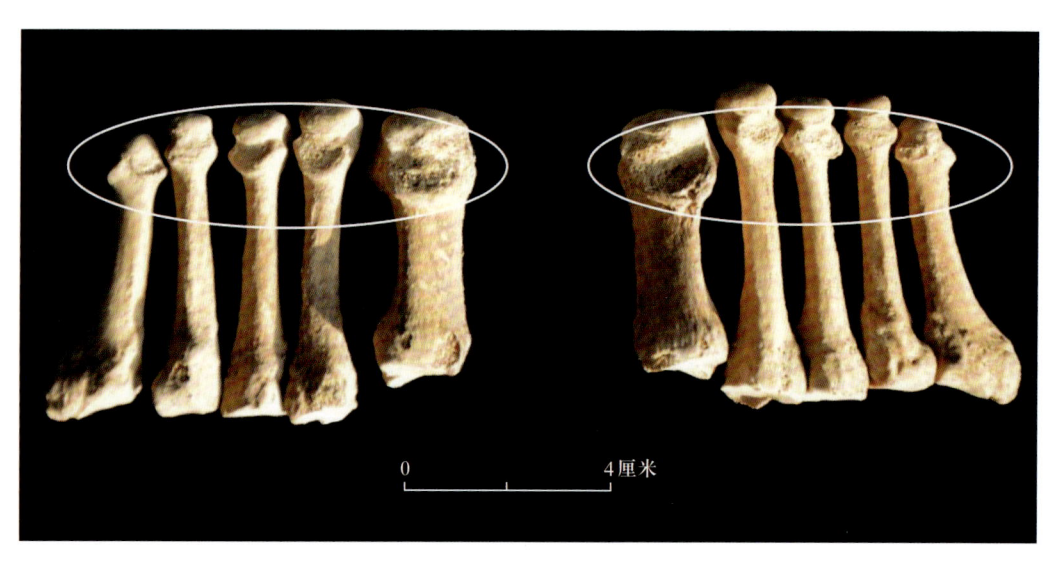

图3 M6043趾骨上的跪踞面

压迫跖骨，致使跖骨前段上部形成假性关节面，即跪踞面[①]。原海兵在研究殷墟中小墓人骨也大量发现此种现象，他认为跪踞面通常是指在人类足骨前段跖骨关节头上面后侧部周围骨和软骨的退化形成的假关节，是由足部跖骨头周围长期的反复性的机械性压力而造成的[②]。

受制于保存条件，M6043墓主人的髌骨保存较差，仅残存上部，没有发现明显的骨刺现象。M5010虽然保存较差，没有完整跖骨的保存，不过却保存完好的髌骨，且髌骨腹侧有明显的骨质膨出。由此来看，此两例个体应都有长期跪坐的行为。跪踞面多见于商周时期人骨，这可能与当时礼仪的要求，和没有高凳等坐具有关，汉代及以后人骨几乎就不见此种明显的现象。

三、小 结

山东大学室内考古发掘与文物保护实验室发掘了两座山西翼城县大河口墓葬，M5010为一男性个体，年龄约为40~45岁，M6043为一女性个体，年龄约为45~50岁。该两例个体都有发现龋病，且皆是前部牙齿的磨耗重于臼齿，这可能与其用牙习惯和饮食结构有关。此外作者还在保存较好的M6043人骨材料上发现了明显的跪踞面，主要表现为跖骨关节头后面形成假性关节面，这应该是长期跪坐所形成的现象。

---

① 王明辉：《前掌大墓地人骨研究报告》，《滕州前掌大墓地》，文物出版社，2005年，第705、706页。

② 原海兵：《殷墟中小墓人骨的综合研究》，吉林大学博士学位论文，2010年，第84页。

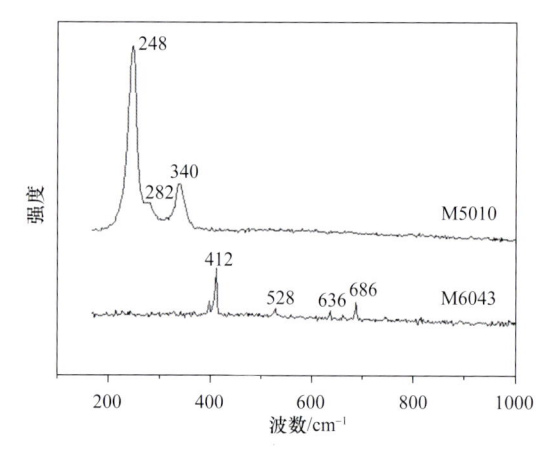

图1　大河口M5010和M6043出土红色粉末的拉曼谱图

X射线衍射（XRD）分析

我们使用德国Bruker公司的D8 Advance X射线粉末衍射分析仪对M5010和M6043的红色粉末进行了物相分析（图2）。XRD分析验证了拉曼分析的结果，其中M5010红色粉末的主要成分为朱砂（d=3.3328，d=3.1418，d=2.8451，d=2.0638，d=1.9715等），和少量石英（d=4.2169，d=3.3328等）。石英有可能是朱砂矿原有的，也有可能是从埋藏环境的土壤混入

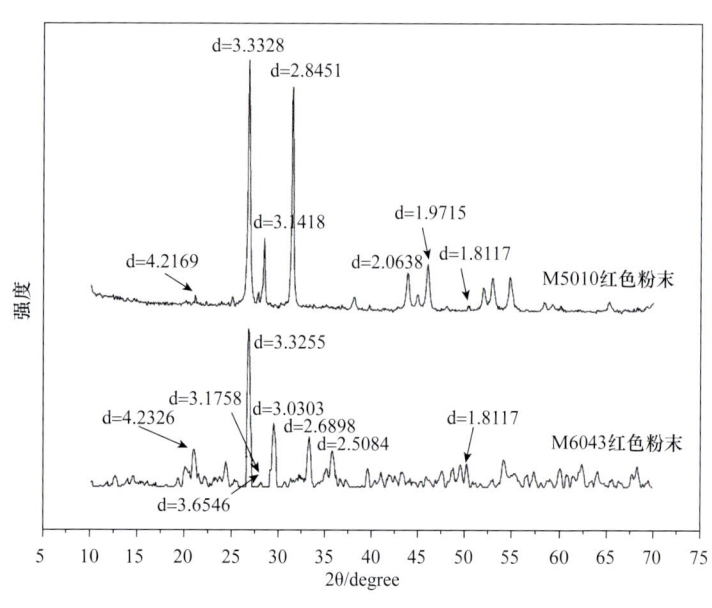

图2　大河口M5010和M6043出土红色粉末的XRD检测结果

的。M6043红色粉末主要成分为赤铁矿（d=3.6546，d=2.6898，d=2.5084等）、石英（d=4.2326，d=3.3255，d=1.8117等）、方解石（d=3.0303等）、钠长石（d=3.1758等）；其中石英、方解石、钠长石为土壤的常见组分，主要致色成分为赤铁矿。

X射线荧光（XRF）分析

我们使用日本理学公司的ZSX Primus II波长色散扫描式荧光光谱仪对M5010和M6043的红色粉末进行了半定量分析（表1，因为没有标样，各化合物含量仅做参考）。分析结果显示M5010红色粉末的主要元素为汞、硅、铝、钙等（含量均超过10%）。结合拉曼和XRD的分析结果可知，M5010红色粉末主要为朱砂（硫化汞）和土壤，其中硅、铝、钙等元素来自土壤。M5010红色粉末中也含有少量氧化铁（5.4%），应该为土壤中混入的（土壤中通常有约5%的氧化铁），而不是人为故意添加的结果。M6043红色粉末的主要元素为硅、铝、钙、铁等（含量均超过10%）。结合拉曼和XRD的分析结果可知，M6043红色粉末主要为赤铁矿（氧化铁）和土壤，其中硅、铝、钙等元素来自土壤。M6043红色粉末中还含有很少量的汞（0.58%）。因为土壤中的含汞量一般约在0.05 mg/L，M6043红色粉末中的少量汞应该是人为加入的。也就是说M6043红色粉末以赤铁矿为主，掺有少量的朱砂。

表1　M5010和M6043红色粉末的XRF检测主要成分含量（单位：wt%）

标本＼成分	SiO_2	Al_2O_3	CaO	Fe_2O_3	HgO
M5010红色粉末	32.0	12.5	10.8	5.4	18.3
M6043红色粉末	47.8	16.7	12.8	11.6	0.58

讨论与结论

结合拉曼光谱、XRD、XRF的检测结果，我们认为M5010的红色粉末为朱砂和取样过程中带入的少量土；M6043的红色粉末为赤铁矿、少量朱砂，以及较多土样（因为M6043的红色粉末层较薄，所以取样时带入的土较多）。比较三种检测方法，拉曼光谱和XRD对于主要成分都可以很好地检测，但对于含量少的成分灵敏度不够。例如M5010的红色粉末XRF检测发现还有其他常见土壤组分（铝、钙等），这在拉曼谱图和XRD谱图上均没有观察到；M6043的红色粉末在XRF检测中发现有很少量的汞，而拉曼光谱和XRD谱图也没有看到相关谱峰。如果仅仅依赖拉曼光谱和XRD分析，我们可能就会误判其组成成分。比较拉曼光谱和XRD这两种物相分析手段我们发现，XRD的准确性更高一些，而便携式拉曼光谱仪则在便携性上优于XRD，可携带至发掘现场或博物馆进行无损检测。XRF成分分析最灵敏，但是无法确切知道是何种矿物。例如M6043的红色粉末XRF检测发现含有较多铁，但是如果不结合XRD和拉曼结果，就无法知道其状态为赤铁矿还是磁铁矿还是其他。因此为了达到准确分析的目的，常常需要将多种分析手段结合起来。

  本研究证明了对考古遗址出土未知矿物进行科学检测的必要性和重要性，有明确的考古学意义。墓葬中红色粉末的使用在我国自旧石器时代的遗址就有发现，到了夏商周三代时期更是贵族墓葬葬仪的常用之物，很可能形成了制度。在大多数考古报告描述中，一般多将铺设在棺椁底部的红色粉末称为朱砂，然而经过我们的检测，发现朱砂和赤铁矿都曾作为红色粉末在墓葬中使用。在同一遗址同一时期的墓葬中同时发现朱砂和赤铁矿的使用，这在国内应是首次。朱砂相较于赤铁矿颜色更鲜艳，而且资源更稀缺，不易获得，因此朱砂的使用很有可能与墓主人的等级及其获取资源的能力有关。M5010的墓葬等级较高，而M6043的墓葬等级稍低。M5010使用了大量朱砂，M6043的红色粉末不仅用量少而且以赤铁矿为主，仅掺有很少量的朱砂。我们推测等级差距很可能是两个墓葬分别使用朱砂和赤铁矿的主要原因。希望以后可以对更多遗址的更多墓葬进行相关分析，从而检验这一假设。

（原载于《海岱考古·第十三辑》2020年）

· 研 究 ·

山西翼城县大河口西周墓地M6043纺织品土壤印痕残留物鉴定

李 力[1] 朱 磊[1] 谢尧亭[2]

1. 山东大学文化遗产研究院，青岛，266237
2. 山西大学北方考古研究中心，太原，030006

摘要：2013年，"山东大学室内考古发掘与文物保护实验室"在对山西翼城县大河口西周墓地M6043进行实验室考古发掘时发现了荒帷的纺织品土壤印痕。为分析这一纺织品印痕的材料信息，本文采用超景深三维显微镜观察印痕的微观形态，并引入高效液相色谱-多级质谱联用技术（HPLC-MS/MS）对土壤中可能保留的纺织纤维残留物进行了鉴定分析。经检测，土壤样品中确实含有蚕丝蛋白残留物，因此，此荒帷土壤印痕的纺织原料应为蚕丝纤维。这一结果进一步印证了在西周时期，荒帷已经成为了葬饰的重要组成部分，且材质以丝绸为主，此外也验证了纺织纤维残留物提取与鉴定的可行性。

关键词：大河口西周墓地；纺织品土壤印痕；液质联用（HPLC-MS/MS）；超景深三维显微镜；蚕丝蛋白残留物

引 言

荒帷，即棺罩，在《仪礼》《礼记》等典籍中多有记载，是一种居室帷帐的象征。西周时荒帷已经成为贵族的重要葬饰，但由于荒帷属于纺织品，原材料是天然高分子，容易在外界不利因素的影响下降解，年代越久远越难以保存下来。目前，西周时期墓葬中出土的荒帷极其罕见，且很多以土壤印痕的形式保存下来，其中，山西绛县横水倗国墓地"倗伯"夫人之墓M1

出土的荒帷印痕是迄今为止时代最早、保存最好和面积最大的荒帷印痕。

纺织品印痕的形成与其所处环境关系密切，往往伴随着生物矿化过程，在这一过程中，土壤小颗粒或矿物离子以纤维为模板富集逐渐置换纤维材料，致使纤维结构逐渐降解消失。因此，通过传统的形态观察，很难对纺织品土壤印痕进行检测分析。已有的研究主要通过对土壤中保留下来的纺织纤维残留物进行检测，如利用液质联用技术鉴定纤维种类，利用拉曼光谱、XRD等鉴定残留的染料等。

2013年，"山东大学室内考古发掘与文物保护实验室"在对山西翼城县大河口西周墓地M6043进行实验室考古发掘过程同样发现了疑似荒帷的纺织品土壤印痕。为研究荒帷的纺织材料，本文以土壤中可能保存下来的有机分子残留物的研究对象，运用分子生物学检测方法完成鉴定与分析工作，希望通过本文能够为实验室考古中纺织品土壤印痕的发掘保护，西周荒帷以及丧葬制度的研究提供科学依据。

一、材料与方法

（一）实验样品与试剂

实验样品：大河口墓地纺织品土壤印痕（图1）

图1　山西翼城县大河口西周墓地M6043纺织品土壤印痕样品

试剂：碳酸钠，氯化钙，无水乙醇等为上海生工科技有限公司生产，纯度为分析纯；液质联用中使用的甲酸、甲醇由Sigma公司生产，纯度为色谱纯级。胰凝乳蛋白酶由Thermo公司生产，为蛋白测序专用。

（二）实验仪器与相关参数

钙醇溶液：$CaCl_2$、EtOH、H_2O按摩尔比1∶2∶8配制而成。

主要仪器：超滤管（截留分子量3000 Da）透析袋（截留分子量3000 Da）、液质联用仪（美国热电Q exactive）、超景深三维显微镜（蔡司SmartZOOM-5）

（三）实验方法

1. 纺织品印痕显微观察

使用超景深三维显微镜对土壤表层的纺织品印痕进行观察与记录，并根据印痕特征初步判断纺织品的类型。

2. 液质联用鉴定纺织纤维残留物

（1）新鲜蚕丝丝素蛋白溶液的制备

取新鲜蚕丝5 mg（经蚕茧缫丝获取）。将蚕丝加入至100 mL 0.5%碳酸钠溶液中，95℃水浴加热30分钟，取出蚕丝，弃溶液，重复该步骤一次，完成脱胶。将脱胶后的新鲜蚕丝烘干，加入至20 mL的钙醇溶液，95℃水浴加热5~10分钟至蚕丝完全溶解。将丝素蛋白溶液倒入透析袋中透析24小时（透析外液为去离子水，体积为500 mL）其间每6小时更换一次去离子水，过滤。将透析后的溶液逐次倒入超滤管中，5000 rpm下离心，最终得到脱盐后的样品约100 μL。

（2）大河口土壤样品中蚕丝蛋白残留物的提取

取带有纺织品印痕的土壤样品50 g，研磨至粉末状。将粉末倒入100 mL钙醇溶液中，充分搅拌。将混合液置于95℃中水浴加热30分钟。待样品冷却后，离心取上清液。将上清液倒入透析袋中透析24小时（透析外液为去离子水，体积为1 L），其间每6小时更换一次去离子水，过滤。将透析后的溶

（Faience）"[1]、"石英珠"[2]、"釉砂（Faience）和玻砂（Frit）"[3]等，本文以"釉砂"一词来表示这种制品。釉砂的原料由石英砂、助熔剂、着色剂构成，加热后在石英颗粒隙间形成玻璃相，大部分石英颗粒保持晶体形态。1959年，中国科学院应用物理研究所使用光谱分析法鉴定了河南洛阳西周墓出土的"料珠"[4]，拉开了我国采用科技手段研究釉砂制品的序幕。随后针对釉砂制品的科学分析主要集中在物相结构、化学成分等方面，讨论助熔剂、着色剂和制作工艺，并涉及中西文化交流。

山西翼城县大河口墓地M6043属于西周时期墓葬[5]，实验室考古发掘中在墓主颈部出土了一组项链，其由4串穿孔珠饰和管饰组成，自墓主颅骨向胸骨端沿颈骨将该组项链依次编号为A、B、C、D（图1）[6]。其中A串50枚、B串61枚、C串66枚、D串63枚，共240枚，其中B、C串各含管饰1枚，D串含连体珠饰1枚。珠饰颜色呈蓝色、浅绿色和白色等。分析大河口M6043出土釉砂珠饰的结构特征和成分特征，对研究西周时期釉砂制作技术体系具有重要意义。

一、分析方法

样品制备：从A、B、C、D中各取3枚、共12枚相对完整

---

[1] 安家瑶：《玻璃器史话》，中国大百科全书出版社，2000年，第7、8页。

[2] 襄樊市考古队、湖北省文物考古研究所、湖北孝襄高速之路考古队：《枣阳郭家庙曾国墓地》，科学出版社，2005年。

[3] 李青会、张斌、干福熹等：《一批中国南方出土古玻璃的化学成分的PIXE分析结果》，《中国南方古玻璃研究：2002年南宁中国南方古玻璃研讨会论文集》，上海科学技术出版社，2003年，第76—84页。

[4] 中国科学院考古研究所：《中国田野考古报告集考古学专刊丁种第四号·洛阳中州路（西工段）》，科学出版社，1959年，第59、60页，图版肆壹-10。

[5] 山西翼城县大河口西周墓地联合考古队：《山西翼城县大河口西周墓地》，《考古》2011年第7期。

[6] 山东大学文化遗产研究院、中国社会科学考古研究所、山西大学北方考古研究中心等：《山西翼城大河口M5010、M6043实验室考古简报》，《江汉考古》2019年第2期。

图1 大河口M6043项链出土情况

的穿孔珠饰，其直径0.47～0.66厘米，孔径0.26～0.4厘米，高0.4～0.62厘米，顺序编号为SYDF001至SYDF012（图2），用无水乙醇清洗，去除表面附着物，保证测试准确度。用手术刀垂直于珠饰穿孔切取12件样品的新鲜断面，用环氧树脂包埋并打磨、抛光、喷碳。

分析仪器及工作条件：Hitachi S-3600N扫描电子显微镜（中国文化遗产研究院）；美国EDAX公司Genesis 2000XMS型X射线能谱仪，工作电压20 kV，激发时间100 s，采用ZAF定量方法。

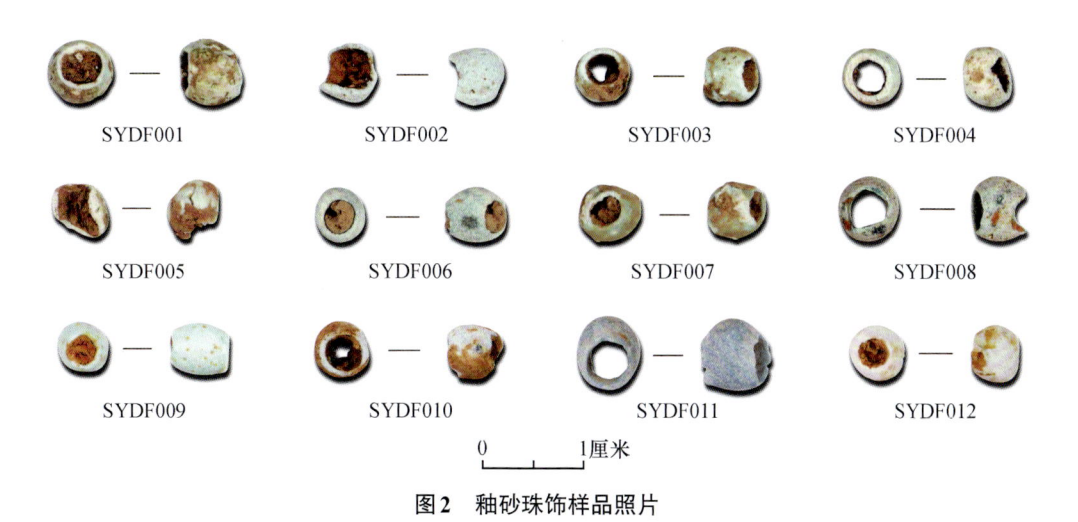

图2 釉砂珠饰样品照片

二、分 析 结 果

大河口墓地M6043出土的12件珠饰样品胎体成分显示其皆为高SiO_2、低熔剂特征，胎体SiO_2含量在92%以上，是典型的釉砂成分特征，结合显微观察到的大量石英颗粒与其隙间玻璃相分布情况，断定这12件珠饰样品皆为釉砂制品（表1）。釉砂珠饰胎体隙间玻璃相中K_2O含量有所不同，样品SYDF002、SYDF006、SYDF008、SYDF010、SYDF011这5件样品的玻璃

表1 大河口M6043釉砂成分（wt%）

位置	Na_2O	MgO	Al_2O_3	SiO_2	Cl	K_2O	CaO	Fe_2O_3	CuO	可能物相
SYDF001胎体	—	—	1.5	97.3	0.1	—	0.2	—	0.9	
SYDF001玻璃相	—	—	—	83.6	0.9	1.1	2.2	—	12.1	K_2O-CaO-SiO_2
SYDF002胎体	—	—	1.8	96.5	0.5	0.2	0.2	0.2	0.7	
SYDF002玻璃相	3.4	—	3.7	77.9	—	11.7	—	0.4	2.9	K_2O-Na_2O-SiO_2
SYDF003胎体	—	—	1.2	97.6	0.3	—	0.2	—	0.7	
SYDF003玻璃相	—	—	4.4	92.1	0.3	0.4	—	—	2.8	K_2O-SiO_2
SYDF004胎体	—	—	1.3	97.9	0.5	—	0.3	—	—	
SYDF004玻璃相	—	1.0	5.3	89.6	0.5	0.8	—	0.4	2.5	K_2O-SiO_2
SYDF005胎体	—	—	1.7	96.7	0.4	0.2	0.4	0.1	0.5	
SYDF005玻璃相	—	1.0	2.7	91.2	0.6	0.2	0.3	0.1	4.0	K_2O-CaO-SiO_2
SYDF006胎体	—	—	1.8	95.5	—	1.5	—	—	1.0	
SYDF006玻璃相	4.0	—	2.7	77.2	0.2	11.7	—	0.2	4.0	K_2O-Na_2O-SiO_2
SYDF007胎体	—	—	1.9	96.6	0.3	—	0.5	—	0.7	
SYDF007玻璃相	—	—	3.6	91.5	0.9	0.2	0.5	0.4	2.9	K_2O-CaO-SiO_2
SYDF008胎体	1.2	—	2.4	93.1	0.2	1.9	—	—	1.2	
SYDF008玻璃相	4.8	0.9	4.4	77.5	0.2	9.9	—	—	2.2	K_2O-Na_2O-SiO_2
SYDF009胎体	—	—	1.6	96.2	—	—	—	—	2.2	
SYDF009玻璃相	—	—	—	82.3	1.1	0.1	5.3	—	11.2	K_2O-CaO-SiO_2
SYDF010胎体	—	—	1.1	98.9	—	—	—	—	—	
SYDF010玻璃相	1.9	—	6.0	76.6	—	12.8	—	—	2.7	K_2O-Na_2O-SiO_2
SYDF011胎体	0.8	—	1.9	92.9	—	2.5	—	—	1.9	
SYDF011玻璃相	3.7	—	6.0	76.2	—	10.7	—	—	3.5	K_2O-Na_2O-SiO_2
SYDF012胎体	—	—	1.1	98.9	—	—	—	—	—	
SYDF012玻璃相	—	—	4.6	91.2	—	1.5	—	—	2.7	K_2O-SiO_2

注：成分经归一化处理，"—"代表未检出。

相中K$_2$O含量在9.9%～12.8%之间，同时皆含有1.9%～4.8%的Na$_2$O；其余7件样品玻璃相中K$_2$O含量在0.1%～1.5%之间，Na$_2$O含量低于检测下限。玻璃相中皆含有Cu，Cu作为釉砂珠饰的着色剂使釉砂呈现蓝色或浅绿色。

三、相关问题讨论

（一）成型工艺

目前研究认为我国釉砂是以石英粉末（或黏土）混合一定量的含铜物质和草木灰，一次塑形后进行烧制的，采用无范成型的方式[1]。通常认为我国釉砂是通过内芯法成型的，即在内芯材料上将调配好的原料捏塑成所需要的形状，而后入炉焙烧。芯撑材质可能为黏土[2]，也可能为木棒[3]。经观察，样品SYDF003和SYDF009穿孔内壁有与穿孔方向一致的线状凸起（图3、图4），应为釉砂珠饰成型时穿孔内的棒状或管状支撑物所留痕

图3　样品SYDF003穿孔内壁　　　　图4　样品SYDF009穿孔内壁

---

[1] 李青会、董俊卿、干福熹：《中国早期釉砂和玻璃制品的化学成分和工艺特点探讨》，《广西民族大学学报（自然科学版）》，2009年第4期，第31—41页。

[2] 干福熹等：《中国古代玻璃技术发展史》，上海科学技术出版社，2016年。

[3] 谷舟：《中国釉砂与早期玻璃关系的探讨》，博士学位论文，中国科学院大学，2015年。

迹。宝鸡茹家庄西周墓出土釉砂管内壁曾发现过与穿孔方向一致的凹凸相间的条纹，推测成型过程很可能是中间裹有麦秆类草本植物泥捏而成[①]。推断大河口釉砂成型使用了木质芯撑。

样品SYDF009穿孔一侧边缘圆滑，另一侧边缘一半圆滑、一半有毛茬，推测该样品为先烧造成连体珠，再将两枚珠饰分开（图5、图6）；大河口M6043出土釉砂中，有一枚由两个珠饰组成的连体珠饰，两个珠饰连接处部分连接，未连接处边缘圆滑、未见毛茬，应为烧制后原貌（图7）。形成这种连体珠饰有两种可能：第一，珠饰成型时就是两枚连接在一起，穿在木质芯撑上烧制；第二，两枚成型时是分开的，烧制时同穿在一根木质芯撑上，因距离较近，烧制过程中连接在一起。就所见到的连体珠饰和样品SYDF009的半边毛茬现象可知，釉砂珠饰存在至少两个串在一起进行烧制的情况。本文分析的珠饰一般穿孔较圆而胎体多为不规则穿孔球体，样品SYDF011穿孔横截面呈圆形，但胎体横截面呈椭圆形，穿孔不在珠饰中间部位，而是偏向一侧（图8）；电镜下观察显示，胎体较厚的一侧没有玻璃相富集情况，表明不是烧制过程中"流釉"造成的胎体变形，而是成型时胎体便如此。同时样品表面未发现明显凸起的范线和打磨痕迹，表明釉砂成型使用范的可能性较小，其成型工艺是在木质芯撑上直接塑形。夏鼐先生曾经根据古埃及釉砂

图5　样品SYDF009穿孔边缘圆滑一侧　　　图6　样品SYDF009穿孔边缘有毛茬一侧

---

① 杨伯达：《西周玻璃的初步研究》，《故宫博物院院刊》1980年第2期，第14—24页。

图7　大河口M6043出土连体珠饰　　　　图8　样品SYDF011胎体变形情况

提出，连珠饰可能是釉砂在芯撑上成型后，借助工具将胎体平滑的表面按压出凹凸不平的效果，从而形成连珠饰[1]。大河口墓地所出的连珠饰可能也采用了类似工艺制成。

（二）施釉工艺

M. S. Tite将釉砂施釉工艺分为三种[2]：直接施釉、包埋施釉和风干施釉，不同的施釉方式会导致釉砂具有不同的显微结构。直接施釉和包埋施釉制作过程类似，均是在已成型的胎体上涂覆釉料，直接施釉的釉料为浆状，而包埋施釉的釉料则为干粉。风干施釉则是混合石英和釉料，掺和少量的水或黏合剂，捏塑成型后阴干。釉层、反应层和胎体的厚度、界限形态、玻璃成分变化趋势，是判断釉砂施釉工艺的重要依据。采用直接施釉或包埋施釉方法制成的釉砂，往往具有明显的胎釉分界线；而风干施釉法制成的釉砂胎体无明显分层，存在有大量的隙间玻璃相。经分析的甘肃崇信于家湾墓地出土釉砂珠既有风干施釉，也有包埋施釉[3]；经分析的山西横水倗国墓地一个釉砂样品为直

---

[1]　Xia N. Ancient Egyptian Beads. Springer, 2014: 38.

[2]　Tite M S, Freestone I C, Bimson M. Egyptian Faience: An Investigation of the Methods of Production. Archaeometry, 1983 (25): 17-27; Tite M S, Bimson M. Faience: An Investigation of the Microstructures Associated with the Different Methods of Glazing. Archaeometry, 1986 (28): 69-78.

[3]　张治国、马清林：《崇信于家湾出土西周中期费昂斯珠研究》，《崇信于家湾周墓》，文物出版社，2009年，第168—179页。

接施釉①。釉砂的主要原料石英没有黏性，通常会在石英中添加一定量熔剂②或黏合剂③帮助胎体成型，或事先对胎体进行烧结④。烧结后的胎体具有较致密的外层，如果另行涂覆釉料后再加热焙烧，那么胎釉之间理应存在一条较为清晰的分界线。然而本文分析的12件釉砂均没有清晰平滑的胎釉分界线，胎体经事先烧结的可能性较小。

样品SYDF001的两个截面具有不同的胎体疏密程度：一面胎体中部孔洞较多、胎体外侧和内侧穿孔部位较为致密（图9），体现出分层现象；另一个截面胎体表面和中部致密程度相当（图10），没有明显分层现象。如果根据胎体疏密程度分层情况将釉砂施釉工艺分为直接施釉和风干施釉，则针对样品SYDF001不同面会做出直接施釉和风干施釉两种施釉工艺的判断。而实际上这是同一个釉砂珠饰，不可能同时采取不同的施釉工艺。所以胎体疏密程度不能作为釉砂施釉工艺的判定标准。

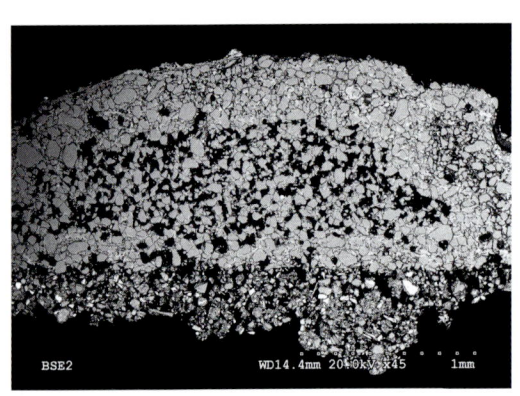

图9　样品SYDF001胎体致密程度不一的截面背散射电子像 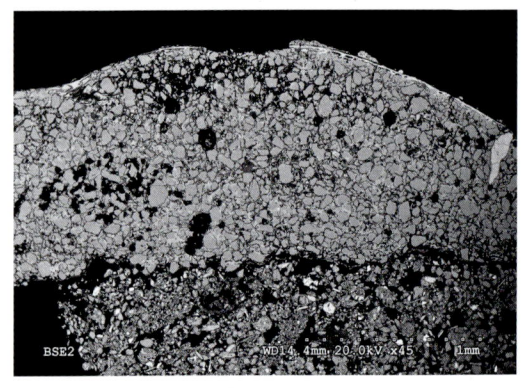　　图10　样品SYDF001胎体致密程度相当的截面背散射电子像

---

① 谷舟、谢尧亭、杨益民等：《显微CT在早期釉砂研究中的应用：以西周倗国出土釉砂珠为例》，《核技术》2012年第4期，第265—269页。

② Vandiver P B. A Review and Proposal of New Criteria for Production Technologies of Egyptian Faience. La couleur dans la peinture et l'emaillage de l'Egypte ancienne. Edipuglia, 1982: 121-139.

③ 董俊卿、后德俊、干福熹：《中国古代釉砂的科学研究》，《中国古代玻璃技术发展史》，上海科学技术出版社，2016年，第51页。

④ 秦颖、陈茜、李小莉等：《湖北枣阳郭家庙曾国墓地出土"石英珠"（釉砂）的测试分析及制作工艺模拟实验分析》，《硅酸盐学报》2012年第4期，第567—576页。

本文分析的12件釉砂珠饰胎体内部皆存在隙间玻璃相，根据珠饰表面是否存在由石英颗粒与玻璃相组成连续的釉层，将12件样品分为2组：第一组表面有釉层，包括SYDF001、003、004、005、007、009、012七个（图11），宏观表现为珠饰表面光滑有光泽，有不规则龟裂纹，可见明显圆形凹陷（图12）；第二组表面无釉层，包括SYDF002、006、008、010、011五个（图13），宏观表现为珠饰表面粗糙无光泽（图14）。有釉层的一组中样品SYDF012胎体结构松散、机械强度不高，无釉层的一组中样品SYDF011胎体结构紧密、机械强度较高。

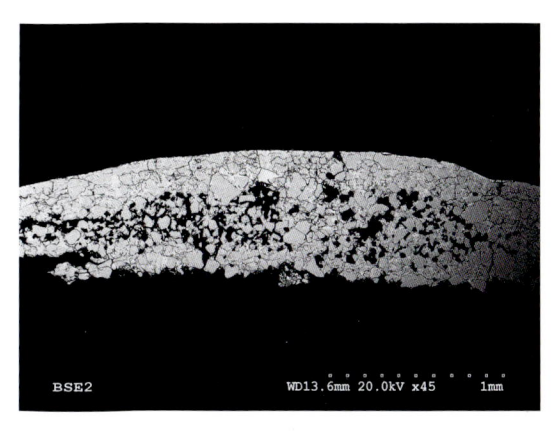

图11　样品SYDF009截面背散射电子像

图12　样品SYDF009珠饰表面

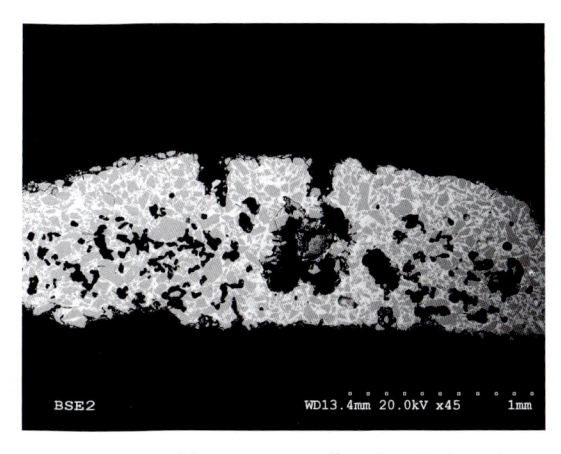

图13　样品SYDF011截面背散射电子像

图14　样品SYDF011珠饰表面

电镜观察显示，经分析的12件釉砂珠饰玻璃相在胎体中的分布没有从表面到中间逐步减少的趋势，玻璃相分布较为均匀，表明作为助熔剂主要成分的K_2O在胎体成型时已较均匀地分布在胎体内，由此推断大河口这12个釉砂样品使用了风干施釉工

纹饰条带边缘和中部压刻凹槽，分隔主体纹饰的不同区域，并刻画出纹饰细节。其后使用类似的刀具錾刻裁切，去除纹饰间的多余部分形成镂空，并保留必要的连接处；饰片的整体轮廓的裁切，与此应类似。最后使用截面近半圆的锥子在正面边缘冲压形成穿系所用的铆孔，并对饰片表面和裁切部位进行打磨。裂缝采了铜片穿系的方法绑箍，但也可能是后期使用过程中的修补。

三、相关问题讨论

与浇注液态金属填充模具成型的铸造技术不同，锻造技术主要利用金属的可塑性在固态下改变其形态和性能，以达到加工成器的目的。两种成型工艺的操作过程和最终制品的性状各异，也在一定程度上反映了古代不同群体的金属制作和使用传统。中国商周时期陶范铸造技术取得了辉煌的成就，相关研究已不胜枚举。相对而言，锻造技术的研究却比较薄弱。事实上，如前文所举，包括大河口M5010铜饰件在内的锻造器物，在商周时期的考古发掘中已非偶见。这一时期的锻造器物主要包括各类装饰片和薄壁容器两类，材质以金和铜基合金为主，银和锡质的装饰箔片也有所发现。虽然其材质、器类和功用各异，但都以锻造作为基础的成型手段，属于所谓的金属"薄片加工工艺（sheet-working）"的范畴，细部加工和装饰技法也以各种机械加工手段为主。当然，除此之外，锻造加工还长期用于制作小件器物，以及作为辅助技术手段用于铸后修整[1]。

谢拉特（Andrew Sherratt）曾指出，基于锻造的金属薄片加工在早期金属时代的环地中海沿岸较为流行，且存在金、银、铜等多种材质[2]。新疆萨恩萨依墓地M58出土铜碗为红铜锻造而

---

[1] 华觉明：《中国古代金属技术：铜和铁造就的文明》，大象出版社，1999年，第208—211页。

[2] Sherratt A. The Trans-Eurasian Exchange: The Prehistory of Chinese Relations with the West. Contact and Exchange in the Ancient World. University of Hawaii Press, 2006: 30-61.

成，可供参考的 ^{14}C 年代为距今 3890 年前后，是目前我国境内所见最早的锻造金属容器[1]。新疆的早期铜器与欧亚草原和中亚绿洲文明关系密切，萨恩萨依铜碗应是区域交流互动的结果。虽然有学者根据所谓"仿铜陶器"认为锻造铜器曾影响及甘青及中原地区[2]，但仍缺乏直接的考古证据。与之相反，金属片锻制工艺在中原地区的出现更可能与黄金制品的传入有关[3]。黄金材质的锻造装饰箔片在商代前期已有所发现，如郑州商城出土的二里岗时期夔龙形金叶[4]。近期武汉盘龙城遗址杨家湾M17出土绿松石兽面形器，以金片装饰眉、目和牙等部位，年代约当商代中期[5]。晚商至西周以降，相关的考古发现逐渐增多，除贴敷于其他材质表面起到着色效果以外，錾刻（engraving）、镂空（piercing）、敲花（repouseé）等装饰技法逐渐得以运用，还出现了单独成器的锻造和模压成型器物[6]。

就目前的考古资料而言，铜质的锻造金属片制品在中原地区的出现相对较晚，在春秋时期之前均以片状的装饰类器物为主。安阳殷墟花园庄M54年代为殷墟二期偏晚，该墓出土圆盘形器经检测为锡青铜经热锻加工成型，且有錾压的点状凸起

---

[1] 新疆文物考古研究所、乌鲁木齐市文物管理所：《新疆乌鲁木齐萨恩萨依墓地发掘简报》，《文物》，2012年第5期。

[2] Bagley R W. Shang Ritual Bronzes in the Arthur M. Sackler Collections. Harvard University Press, 1987: 1-42；黄铭崇：《迈向重器时代：铸铜技术的输入与中国青铜技术的形成》，《"中研院"史语所集刊》2014年第4期。

[3] Bunker E C. Gold in the Ancient Chinese World：A Cultural Puzzle. Artibus Asiae, 1993(53): 27-50.

[4] 河南省文物考古研究所：《郑州商城：1953～1985年考古发掘报告·中》，文物出版社，2001年，第844页。

[5] 武汉大学历史学院、盘龙城遗址博物院：《武汉市盘龙城遗址杨家湾商代墓葬发掘简报》，《考古》2017年第3期。

[6] 齐东方：《中国早期金银工艺初论》，《文物季刊》，1998年第2期；齐东方：《中国早期金银器研究》，《华夏考古》，1999年第4期；安志敏、安家瑗：《中国早期黄金制品的考古学研究》，《考古学报》2008年第3期；李建纬：《先秦至汉代黄金制品工艺与身体技术研究》，台南艺术大学，2010年，第168—170页。

构成的同心圆和六瓣星芒等纹饰，是较早的实物例证[①]。宝鸡石鼓山西周早期墓葬M1出土青铜铠甲，经分析为13%～15%的锡青铜经加热锻打而成，表面施彩绘，边缘有穿系连接之用的冲孔[②]。成都金沙遗址约当商末至西周时期，出铜片的锡含量在20%以上，整体为高温热锻成形，表面树形纹饰被认为系树模压印而成[③]。自西周中期，青铜锻造片状器物在中原地区高等级墓葬和车马坑中已颇为常见，其中以本文所论的马胄饰件和铜翣等最具代表性[④]。春秋战国时期，作为车马装饰或甲片的金属片状物出土数量显著增加，且尤以楚文化高等级墓葬为甚[⑤]，材质涵盖铜、铅、锡、金、银等多种类型，细部加工和装饰技法极为丰富，镂空、錾刻、敲花、贴金（银、锡）、冲孔、穿系修补等均有所运用，技术体系已趋于成熟。东周时期薄壁青铜容器开始较多出土，似也常见于南方荆楚吴越之地，其中薄

---

① 刘煜、贾莹、成小林等：《M54出土青铜器的金相分析》，《安阳殷墟花园庄东地商代墓葬》，科学出版社，2007年，第297—301页；王浩天、白荣金：《殷墟錾纹圆盘形铜器的复原》，《安阳殷墟花园庄东地商代墓葬》，科学出版社，2007年，第305—313页。

② 陈坤龙、梅建军、邵安定等：《陕西宝鸡石鼓山新出西周铜甲的初步科学分析》，《文物》2015年第4期。

③ 魏国峰、马振伟、秦颍等：《金沙遗址出土铜片的加工工艺研究》，《有色金属》2007年第1期。

④ 陕西省考古研究所、渭南市文物保护考古研究所、韩城市文物旅游局：《陕西韩城梁带村遗址M19发掘简报》，《考古与文物》2007年第2期；陕西省考古研究院、渭南市文物保护考古研究所、韩城市景区管理委员会：《梁带村芮国墓地二○○七年度发掘报告》，文物出版社，2010年，第29、212页；河南省文物考古研究所、三门峡市文物工作队：《三门峡虢国墓·第一卷（上册）》，文物出版社，1999年，第434—436、455—456页；张天恩：《礼县秦早期金饰片的再认识》，《秦始皇帝陵博物院辑刊·第一辑》，三秦出版社，2011年，第173—181页。

⑤ 如湖北当阳曹家岗、曾侯乙墓、河南新蔡葛陵楚墓、安徽寿县蔡侯墓等。湖北省宜昌地区博物馆：《当阳曹家岗5号楚墓》，《考古学报》，1988年第4期，第455—500页；湖北省博物馆：《曾侯乙墓》，文物出版社，1989年，第439—452页；河南省文物考古研究所：《新蔡葛陵楚墓》，大象出版社，2003年，第141—152页；安徽省文物管理委员会、安徽省博物馆：《寿县蔡侯墓出土遗物》，科学出版社，1956年，第14—16页。

壁刻纹铜器颇受学界关注，这些器物中断代较为明确者多在春秋晚期之后[①]。苏荣誉先生曾指出，有些器物可能只是经过了局部锻打，可确认的锻造青铜容器最早出自荆门包山楚墓，年代已晚至战国晚期[②]。南普恒对山西隰县瓦窑坡墓地春秋中期墓葬M30出土铜斗的研究显示，锻造、焊接、刻纹等多种工艺在此器物上均可发现，是此时期青铜器制作工艺向多样化发展的体现，也为战国和汉代时期薄壁刻纹铜器的发展奠定了基础[③]。

　　商周时期的金属锻造制品多装饰类附件，又因壁薄易破，除金银材质者外，出土时多腐蚀残损严重，器型和工艺细节难辨。上述对相关考古发现和研究成果的简要举述，虽难窥其发展全豹之一斑，但也显露了一些值得注意的迹象。首先，欧亚西部的金属片锻制工艺传统虽已在新疆有所发现，但对甘青和中原地区早期铜器制作的影响似乎有限，这种工艺在稍晚时期在中原地区的出现，似与金器传入密切相关。其次，晚商与西周时期开始出现青铜锻造器物，且多与车马装饰品相关，而中国战车源自西方的观点已被多数学者接受，二者之间或许有所关联。大河口墓地出土锻制铜饰片的发现和科学鉴定，为这一观察提供了又一实物例证。最后，东周时期是范铸青铜技术转型的重要阶段，而锻造金属容器和装饰类箔片的大量出现，更彰显了该时期金属制作工艺和材质多样化的发展趋势。除出土器物所体现的技术面貌之外，其间涉及的物料供应、技术基础和社会需求动因的相互关系，在今后的研究中也应引起充分重视。

---

① 叶小燕：《东周刻纹铜器》，《考古》1983年第2期；张广立：《东周青铜刻纹》，《考古与文物》1983年第1期；经科学检测确认者亦不在少数，如何堂坤：《包山楚墓金属器初步考察》，《包山楚墓·上册》，文物出版社，1991年，第417—430页；孙淑云、王金潮、田建花等：《淮阴高庄战国墓出土铜器的分析研究》，《考古》2009年第2期。

② 苏荣誉：《湖北枣阳曹门湾曾国墓地一号墓出土金属器科技价值》，《中国文物报》，2015年3月31日第4版。

③ 南普恒：《春秋时期晋国青铜器制作技术研究》，北京科技大学，2017年，第85—101页。

四、结　语

对大河口M5010出土铜马胄饰片的技术研究表明，饰片的金属材质为铅锡青铜，含锡5.14%~7.83%、铅2.95%~10.81%；金相组织显示为典型的等轴晶和孪晶组织，铅颗粒均匀弥散分布，可见拉长变形并沿加工方向排列的硫化物夹杂。结合加工痕迹观察，推测饰片的加工制作主要包括锤揲制作铜片、模印出体纹饰条带、錾压刻画细部纹饰、裁切镂空，以及冲压铆孔和铜片穿系修补等过程。本文还对商周时期锻造技术的相关发现和研究进行了简要梳理，指出金属薄片锻制工艺在中原地区的发展与金器、车马装饰品的出现和流行可能存在一定联系。至东周时期，锻造制品的工艺和材质呈现多样化的发展，显示了金属器制作和使用的新趋势。

附记：本文是国家社科基金重大项目"山西翼城大河口西周墓地考古发现与综合研究"（17ZDA218）的阶段性成果，陈坤龙为本文通讯作者。本文的研究过程中得到了刘思然、郁永彬、钱益汇、尤悦、侯玉林、方辉、王青、孙强等的帮助和指导；刘薇、王颖竹、徐丽娜、唐小红等协助开展了相关分析检测工作；样品采集得到山东大学文化遗产研究院与山西省考古研究所的大力支持。本研究同时得到了国家自然科学基金（51474029）、国家文物局（2014220）、英国学术院牛顿国际奖学金（NF160456）等项目的资助。特此致谢！

（原载于《江汉考古》2019年第2期）

湖北京山苏家垄墓葬M88实验室考古工作项目

一、项目背景

苏家垄墓群位于湖北省荆门市京山县坪坝镇，坐落于漳水两条支流交汇的三角洲内的丘陵岗地上（图1）。2016年，为配合做好苏家垄墓群保护规划的编制工作，湖北省文物考古研究所会

图1　M88在苏家垄墓群的位置

同荆门市博物馆、京山县博物馆对墓群进行了科学的考古发掘工作。目前对灌溉渠以南的岗地进行了发掘，发现墓葬106座，车马坑9座，已发掘包括M88在内墓葬90余座，发掘出土一大批精美的青铜器、陶器、玉器等。2017年，为了更全面获取M88相关信息，由湖北省文物考古研究所和山东大学文化遗产研究院合作，将M88的棺区土体套箱整取，运进实验室进行发掘。

二、现场保护与起取

（一）出土情况

M88位于苏家垄墓地南部，为长方形竖穴土坑墓。2015～2017年湖北省文物考古研究所对M88进行田野发掘，清理出土陶罐3件，甗、匜、盘各1件，壶2件，鼎3件，簋4件，鬲5件。在田野现场对M88椁中器物清理完之后送至北京大学进行后续清理与研究。在对棺区部分进行清理时，发现棺盖表面有细小的料珠、玉饰和朱砂等遗迹现象。由于M88未遭盗扰，非常难得。为确保这批珍贵遗存原始信息的完整性，最大限度保证发掘质量，遂将棺区土体部分套箱打包运至青岛山东大学室内考古与文物保护实验室进行清理及保护（图2）。

（二）应急保护处理

M88的棺区土体长期埋藏于地下，环境稳定。出土后的环境改变势必会对土体及遗存产生影响。其中影响最为显著的就是湿度。由于新环境的湿度条件比地下环境大幅降低，从而会导致土壤变硬、干裂，发掘之前需进行持续不断的喷水保湿，软化土壤。

三、实验室准备工作

在湖北京山苏家垄M88进行实验室考古清理之前，需要有针对性地布置实验室，做好准备工作，这样有利于实验室清理工作有序地进行。为了对M88进行更全面、更细致的信息获取，其中包括以下几方面。

M88现场照片

图2 套箱整取、运输

(一) 听取专家意见

为确保发掘工作的严谨周全，最大程度地保障发掘质量，在开始发掘之前，需要制定出详尽且可行的发掘预案。有鉴于此，2018年8月在山东大学举行"湖北京山苏家垄墓葬M88实验室考古方案论证会"，邀请全国文物保护方面的权威专家进行论证，广泛听取各位专家提出的意见和建议，制定并通过了

《湖北京山苏家垄墓葬M88实验室考古发掘预案》。

在发掘工作进行过程中，需要根据实际情况对发掘方案进行调整。2018年12月，当发掘工作告一段落之时，再次邀请全国文物保护方面的权威专家前来参观发掘的近况，进而论证下一步的清理方案和保护计划。

（二）打造清理环境

实验室考古的一大优势就是可以做到环境可控。由于M88开裂十分严重，除了日常喷水保湿以外，还配备加湿机、空调、温度计等。为了全面地记录M88实验室考古的清理过程，在信息记录方面的准备工作也是十分充分的，这也是实验室考古工作当中重要的一环，主要用到的设备有照相机、电脑、摄像机、运动相机、录音笔等。

清理工具主要用到的工具包括手铲、特制金属签、特制小竹签、筷子、牙刷、手术刀、保鲜膜、口罩、毛刷、毛笔、洗瓶、各种规格的标签袋、大号收纳箱、记号笔、电磁炉、锅、医用纱布、喷水壶、塑料薄膜，等等。

（三）工作组织

项目负责人：朱磊。

参加发掘人员：山东大学文博专业研究生：郑商、师艳明、吴登弟、杜泽瑜。

顾问指导：方辉、马清林、陈雪香、李天晓等。

合作学者：中国社会科学院考古研究所杜金鹏、李存信、刘勇；湖北省文物考古研究所方勤；中国丝绸博物馆郑海玲；北京科技大学姚娜；首都博物馆王颖竹；山东省文物保护修复中心王传昌、王云鹏、刘芳志。

（四）文物保护材料

M88因为放置的时间过长，导致土壤已经变得非常坚硬，所以需要日常喷水保湿以防止继续干裂。为了保护未出土的器物，实验室还准备一批加固及保护材料和试剂，主要有B72、三甲树脂、无水乙醇、丙酮、薄荷醇等。

（五）金属探测和X射线成像探测

因为M88的椁室出土过大量的青铜器，所以在开始发掘之前也对M88的箱体进行了金属探测仪的检测和全面的X射线成像探测。目的是希望在墓葬开启之前对其内部结构有一个大概的认识，以期实现低损甚至无损发掘。

根据X射线照片（图3）显示，M88墓葬棺区土体中没有随葬金属器物等高密度物质，随葬品应以玉器为主。

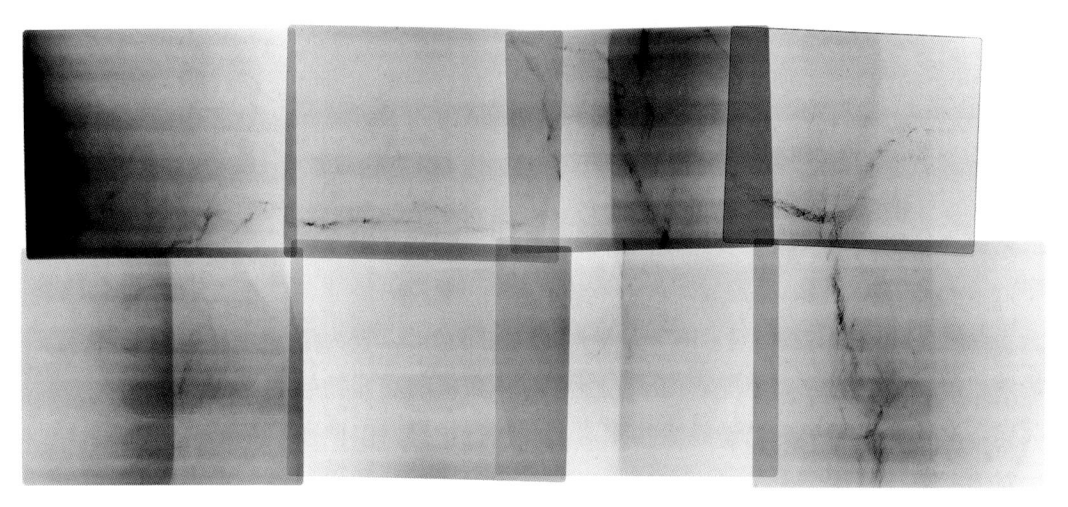

图3 M88的X射线照片（山东省文物保护修复中心王云鹏拍摄）

四、室内清理

M88实验室考古主要的工作内容包括观察、器物编号、绘图、记录、拍照、录像、提取、保护等。除了遵循国家文物局颁布的《田野考古操作规程》进行清理外，还通过使用现代科学技术手段对墓葬环境进行监控，随时监测遗存的变化，对脆弱质遗存进行实时现场保护和最大限度的样品提取、检测、分析（图4）。并通过制作三维模型，使得其原始信息得到全面有效的数字化保留，为后期的清理、展示、研究留下完整的资料。

（一）遗迹和遗物清理

清理发现，木棺已经坍塌腐朽，仅残留少部分炭化的碎片，

件与可见光照片叠加对比（图8），从而能够大致判断器物与墓主人的位置关系（泛白区域即为人体骨骼痕迹）。

图7 M88紫外荧光照片

图8 M88紫外荧光与可见光照片叠加效果图

（二）微层位分析

由于木棺坍塌以及顶部覆土挤压，棺盖板、随葬品、铺衬、棺底板等结构被压成约10厘米的薄层融叠在一起。通过实验室精细发掘及系统分析，将棺区土体部分的微层位逐一区分，共分为8层逐层清理。其叠压关系详见图9。

①棺盖板
②墓主人及随葬品
③朱砂层
④席纹层
⑤植物叶片层
⑥棺底板
⑦淤泥层
⑧椁底板

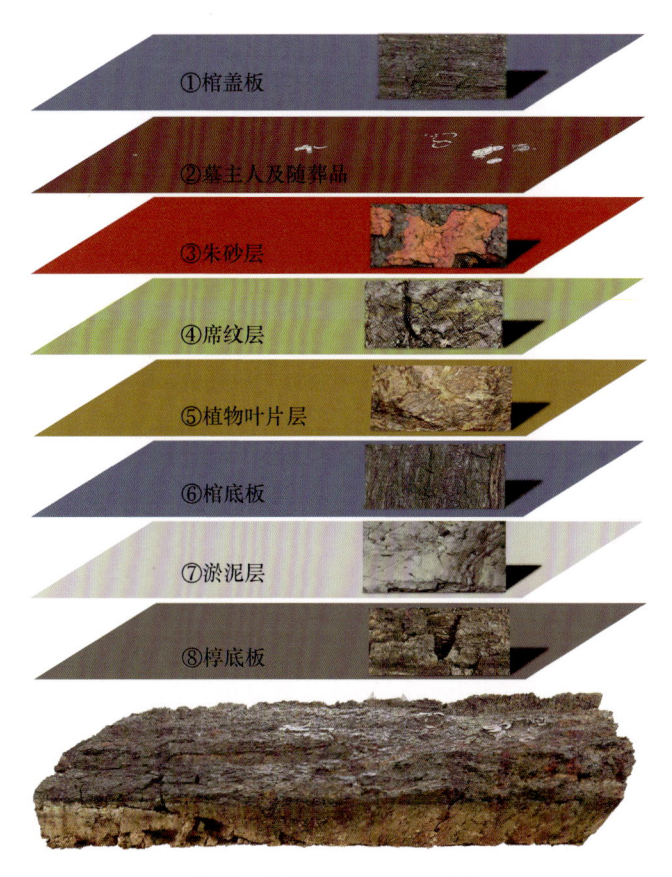

图9　M88遗迹层位关系图

1. 棺盖板

清理完表层浮土之后，在棺的南部发现有棺盖板，东部、西部分别发现侧板。深灰色，木质纹理细密，厚度约为2～4厘米。利用薄荷醇临时固型技术揭取遗迹的方法，分别揭取棺盖板和两侧的侧板（图10）。

2. 墓主人及随葬品

墓主人尸骨无存，棺内随葬品以玉石饰物为主。在整取完南部的侧板之后发现下层有纺织品印痕（图11），同时在棺北侧、西南侧均有发现。利用酶联免疫技术对其纤维材质进行鉴定，发现印痕织物的材质为桑蚕丝（检测报告由中国丝绸博物馆郑海玲出具）。

图10　揭取棺侧板（西侧）　　　图11　纺织品痕迹

3. 朱砂层

不均匀分布于整个棺区，厚度为0.1～0.3厘米不等，红色粉末，部分区域呈片状板结。通过细致发掘，基本可以确定朱砂层位于墓主人身下，拉曼检测结果显示主要成分为朱砂。

4. 席纹层

朱砂层下土体表面发现有竹席印痕，纹路呈方格形，分布于棺区中东部、北部，厚度为0.3～0.5厘米不等（图12）。

5. 植物叶片层

位于席纹层下，浅褐色，厚度不足0.1厘米，分布于棺区中部。表面呈类牛皮纸状多层纤维纹理结构（图13），通过超景深三维视频显微镜观察、拉曼光谱检测及热裂解气相色谱质谱分析，基本排除人工制作纸张的可能性，初步判断为植物叶片（检测报告由北京科技大学姚娜出具）。

图12　席纹痕迹　　　　　　　　　　　图13　植物叶片层

6. 棺底板

位于植物叶片层下，材质及结构同棺盖板。

7. 淤泥层

位于棺底板与椁底板之间，浅灰色淤泥，泥质柔软细腻，厚度为0.2～0.4厘米。

8. 椁底板

灰褐色，木质纹理粗大，木料结实厚重。厚度约为8～10厘米。

除棺盖和随葬品采集提取之外，其余土体为了后期研究的需要，未进行全部清理。

（三）建立三维模型和分层取样系统

1. 制作三维模型

为了能够更好地保留信息，在每一步清理完成之后，都进行绘图、照相，并使用多视角三维重建技术通过Agisoft Photoscan软件制做数字三维模型，实现对层位信息的数字化采集和存储。

2. 分层取样系统

以西南角为坐标原点建立坐标系，E为横坐标，N为纵坐标，并以交点为中心先在米格纸上画出以4厘米×4厘米的格子,每一个格子代表一个取样区域。在计算机上用Excel表格制作电子分层取样系统。为方便取样,用铁丝制作一个4厘米×4厘米的方圈,然后按照清理的层位进行取样,每取一个样本需要在图纸和计算机上同时标出来,同时做好文字记录。

本墓葬的实验室发掘简报已经由《江汉考古》收稿,即将刊发,随葬品信息及相关问题的认识将在简报中披露。

· 研 究 ·

湖北京山苏家垄墓葬M88透闪石玉物相构成及沁蚀演化机理新解

王云鹏[1]　刘芳志[1]　王传昌[1]　马清林[2]

1. 山东省文物保护修复中心，济南，250014
2. 山东大学环境与社会考古学国际合作联合实验室，青岛，266237

摘要：中国是世界上玉文化源远流长的地区，随着玉文化研究的深入和玉学的兴起，玉石的物相构成及受沁演化机理成为学界和出土古玉鉴定中的重要问题。由于埋藏环境的作用，许多玉器出土时的面貌和成分结构已发生很大改变。本研究运用扫描电子显微镜及能谱分析仪（SEM-EDX）、显微激光拉曼光谱仪（MLRM）和傅里叶变换红外光谱仪（FTIR）等分析设备，对湖北省京山市苏家垄遗址春秋时期M88号墓棺内出土的4件玉器残片以及1件现代透闪石玉原石开展比较研究。研究确认透闪石玉中除了纤维状的矿物成分，还包含玻璃相的高级脂肪酸盐，分布于晶界及晶体间隙的玻璃相脂肪酸盐在玉石晶链间形成缓冲，使透闪石玉具有较高的韧性，不易崩碎。当腐蚀发生时，脂肪酸盐会变质分解溶出，部分会在玉石裂隙及疏松处富集并吸附其他物质，致使玉石受沁。脂肪酸盐大量流失后，透闪石玉晶链因失去缓冲而极易碎裂。此时，链状结构中Ca—O键和Fe—O键因强度低于Mg—O键而优先断裂流失，使得玉石内阳起石结构减少，外观由半透明向不透明转变，甚至白化。本研究关于古代玉石中脂肪酸盐来源及其对玉石影响的研究，为古玉研究开拓了新的途径。

关键词：玉器受沁；苏家垄遗址；芈克墓；玻璃相脂肪酸盐；SEM-EDX；FTIR

引　言

　　磨制石器的出现，是玉器产生的前提。辽源兴隆洼文化、海岱后李文化发现了8000年前的玉器标本。海岱（大汶口、龙山）、河原（石峁）、辽源（红山）、江淮（凌家滩、薛家岗、良渚）、江汉（石家河）、安阳（妇好），以及甘青（齐家）、巴蜀（三星堆、金沙）等地区也相继发现了大批精美玉器。春秋战国时期更是不胜枚举。汉代以后，玉器逐步退出祭祀礼仪活动，开始了生活化的历程，并延续至今[①]。

　　玉器研究一直受到人们的关注。目前，研究工作已从其社会功能逐步扩展到玉石种类、具体产地、琢玉工艺、受沁机理等领域。玉石材料物相构成和受沁机理研究，对考古学、文物保护学和玉器鉴藏学的发展均具有重要意义。

　　玉器在埋藏和传承过程中，受环境中矿物质、有机物和其他因素影响，常常出现各种斑驳绚烂的非原生色彩，称之为沁色。由于埋藏环境和埋藏时间的差异，古玉的沁色异彩纷呈。玉石受沁腐蚀不但会使结构松弛，亦会使透明度发生改变，由半透明变为不透明，甚至于褪色变白。目前，学界对于玉石受沁腐蚀机理进行了一系列研究，取得了一些阶段性成果。Tsien等[②]认为潮湿环境和温度是透闪石玉受沁的原因；Cook[③]认为玉石受沁是由于碱性环境中，玉石表面经打磨后在水和土壤的共同作用下发生的变质反应；闻广[④]指出玉器白化是玉质结构

---

　　① 王永波：《玉器研究的理论思考》，《中原文物》2002年第5期，第24—29页。

　　② Tsien H H, Fang J N. Mineralogy and Alteration of Chinese Archaic Jade artifacts. Western Pacific Earth Sciences, 2002 (2): 239-250.

　　③ Cook F A. Raised Relief on Nephrite Jade Artifacts: Observations, Explanations and Implications. Journal of Archaeological Science, 2013, 40 (2): 943-954.

　　④ 闻广：《古玉丛谈六：古玉的受沁》，《故宫文物月刊》1994年第11期，第92—101页。

疏松所致；王荣等[①]认为玉石受沁是经历了风化淋滤和渗透胶结，白化主要是玉石结构疏松后均匀反射入射光线所致；张治国和马清林[②]发现受沁白化是埋藏环境土壤中钙离子向玉器扩散、沉积和钙化的结果；黄宣佩[③]认为古玉器的变白应与受热有关。

中国古代典型软玉主要是由透闪石—阳起石类质同象系列矿物组成，属单斜晶系，双链结构，其常见晶型为长柱状、纤维状、叶片状，分子式为$Ca_2(Fe,Mg)_5Si_8O_{22}(OH)_2$。根据国际矿物协会新矿物及矿物命名委员会批准的《角闪石族命名方案》，透闪石与阳起石的划分按照单位分子中的二价镁和铁的占位比率不同予以命名：$Mg/(Mg+Fe)$比值范围0.9～1的为透闪石，0.5～0.9的为阳起石。本研究以湖北省京山市苏家垄遗址春秋时期M88号墓葬出土的4件软玉残片为研究对象，利用扫描电子显微镜及能谱分析仪（SEM-EDX）、显微激光拉曼光谱仪（MLRM）、傅里叶变换红外光谱仪（FTIR）等设备，研究玉器组分和形态，以期揭示其腐蚀机理。

一、实 验 部 分

（一）实验仪器

1. 扫描电子显微镜及能谱分析仪（SEM-EDX）

Phenom XL扫描电子显微镜，电子光学照明为CeB6灯丝，电子放大倍数100000倍，分辨率≤15 nm。搭配美国EDAX公司Genesis 2000XMS型X射线能谱仪，能谱探测器能量分辨率

---

① 王荣：《古玉器受沁机理初探》，中国科学技术大学博士学位论文，2007年；王荣、朔知、承焕生：《安徽史前孙家城和黄家堰等遗址出土玉器的无损科技研究》，《复旦学报（自然科学版）》2011年第2期，第121—130页。

② 张治国、马清林：《甘肃崇信于家湾周墓出土玉器研究》，《考古与文物》2009年第2期，第97—102页。

③ 黄宣佩：《良渚文化玉器变白之研究》，《上海博物馆集刊》2005年第1期，第357—364页。

＜137eV。实验条件：真空度60 Pa，电压15 kV及配套电流。

2. 显微激光拉曼光谱仪（MLRM）

雷尼绍inVia激光显微共聚焦拉曼光谱仪，配备研究级徕卡显微镜，空间分辨率＜0.5 μm。使用氖灯作为信号源，1800线高分辨光栅，紫外和近红外同时增强型CCD探测器。光谱范围：200～1100 nm。光谱分辨率优于1波数。阻挡激光瑞利散射水平优于10。实验条件：785 nm激发波长，激光器功率280 MW，激光功率密度1%，扫描时间10 s，扫描次数10次。

3. 傅里叶变换红外光谱仪（FTIR）

赛默飞NicoletS50＋continuum傅里叶变换显微红外光谱仪，高灵敏度DTGS检测器，峰-峰噪音值优于$7.89×10$a.u.（1分钟扫描，4 cm分辨率），信噪比优于55000∶1（分辨率4 cm，KBr分束器，DTGS检测器，1 min扫描）。实验条件：KBr压片法，扫描范围4000～400 cm，分辨率为4 cm，扫描次数64次。

（二）样品信息

湖北省京山市家垄遗址是一处以苏家垄墓地为主体，兼有同期居址、冶炼遗存的春秋时期大型遗址[1]。其中M88出土青铜簋上刻有铭文"陔夫人芈克"，"芈克"为"曾伯霖"夫人[2]，墓内出土了包括玉玦、玉牛头饰件、玉玦、玉璜、玉觿在内的多种玉器[3]。此次分析样品为M88号墓棺内的4件玉器残片，新开采的青海玉山料1块，白云岩原石1块，样品信息见表1。

---

[1] 湖北省文物考古研究所：《湖北京山苏家垄墓地M2发掘简报》，《江汉考古》2011年第2期，第34—38、133—134页。

[2] 方勤、胡长春、席奇峰等：《湖北京山苏家垄遗址考古收获》，《江汉考古》2017年第6期，第3—9、2页。

[3] 方勤：《曾国历史与文化研究：以新出考古材料为线索》，武汉大学博士学位论文，2018年。

表1　样品基本信息描述

序号	样品编号	样品描述	样品来源
1	M88：36	玉玦碎片，白色偏黄颗粒，形状不规则	苏家垄M88号墓葬棺椁内玉石残片
2	M88：3	玉环碎玉片，白色	
3	M88：77	碎玉块，长方体块状，白中泛青，表面布满黑褐色斑点	
4	M88：9-51	玉饰碎片，白中泛黑	
5	Hty1	青海玉山料原石，翠绿，未削切打磨，玉内含黑色沁斑	青海格尔木新开采山料原石
6	Byy1	白云岩原石，浅灰色，含少量白色晶体	浙江省地质勘探局原石标样

二、结果与讨论

（一）扫描电镜能谱分析

1. 玉石剖面分析

为了更好了解玉器腐蚀情况，在玉器残片上切取一角，环氧树脂包埋磨抛后，利用SEM-EDX分析，可以看出其中含有3类显微形貌：①纤维状矿物集合体，如毛毯状交织，均匀无定向密集分布，富集元素为Si、Mg、Ca、Fe，成分与透闪石相符；②共生矿物，与纤维状集合体形貌明显不同，富集元素为Si、Al、Na，推测成分为钠长石；③块状胶团，玉器中非受沁部位零星可见，受沁区域及裂隙处较为密集，富集元素为C、N、Ca、Na、K等，疑为有机物。

图1为玉石样品剖面的扫描电镜背散射电子像，与玉芯相比，腐蚀区域形貌呈现不完全解理、破碎、黏土化等变化趋势，纤维状矿物大幅减少，共生矿物呈破碎状态，边界难以分辨，块状胶团区域形貌基本无变化。M88：9-51号样品剖面中仅有少量纤维状矿物集合体，大部分区域呈腐蚀状态，玉芯区域含有少量叶片状结构的透闪石。Hty1号样品未受腐蚀，玉质紧密且纤维状晶簇不显，玉芯与边界无明显差别，裂隙处富集了大量块状胶团。

为反映剖面中C、N元素含量变化趋势，能谱数据采用元素含量的表示方式（表2）。表格中的R＝[Mg/(Mg+Fe)]，为

续表

样品编号	区域	Ca	Si	Mg	Fe	Al	K	Na	C	N	S	Cl	F	P	R
M88：3	1-芯	14.9	47.5	27.8	0.4	1	—	1	3.9	2.8	—	—	0.7	—	0.98
	2-蚀	12.6	46.4	28.4	0.3	0.9	—	1.2	5.2	3.9	0.2	0.3	0.6	—	0.99
	3-芯	15.6	47.2	27.4	0.5	0.7	0.3	1	4.2	2.8	0.1	0.2	—	—	0.98
	4-蚀	12	45.7	28.4	0.3	0.9	0.3	1.3	6.1	3.9	0.1	0.3	0.7	—	0.99
M88：77	1-芯	11.3	46.5	22.1	1.5	4.3	0.3	4.4	6.6	2.5	—	0.5	—	—	0.94
	2-蚀	11.4	45.8	24.8	1.4	2.6	0.3	2.4	8	2.9	0.1	0.3	—	—	0.95
	3-蚀	10.5	45.1	23.1	1.2	3.4	—	3.2	9.2	3.3	—	0.3	0.4	—	0.95
	4-芯	10.4	45.4	22.2	1.2	4.1	0.3	4.4	8.4	2.9	0.2	0.5	—	—	0.95
	5-蚀	9.4	44.1	24	1	3	0.2	3.4	11.1	3.2	0.3	0.3	—	—	0.96
M88：9-51	1-芯	14.3	47.6	26.4	4.4	1	—	0.9	2.6	—	—	—	—	—	0.86
	2-蚀	12.3	47.2	26.9	2.8	1.1	—	1.1	5.2	3.4	—	—	—	—	0.91
	3-片	21.9	44.5	24.6	2.5	0.9	—	—	3	2.6	—	—	—	—	0.91
	4-芯	14	48.6	27.2	3.1	0.6	—	—	3.1	3.4	—	—	—	—	0.9
	5-蚀	12.4	48.3	28.3	1.9	0.3	—	—	4.8	4	—	—	—	—	0.94
Hty1	1-芯	15.9	48.4	28.1	0.7	1.3	0.2	—	1.3	2.4	—	—	0.9	—	0.98
	2-边	15.4	47	27.2	0.9	1.2	0.1	0.6	3.9	2.8	—	—	0.9	—	0.97
	3-胶团	10.7	26	16	0.2	1.7	—	1.6	24.1	8.4	2.3	1.1	1.5	6.4	—
	4-胶团	11.1	23.5	11.3	0.5	1.7	0.2	1.5	25.3	10	2.5	1.1	1.1	10.2	—
	5-芯	15.9	49	28.3	0.8	1.3	0.1	0.7	1.6	2.3	—	—	—	—	0.97
	6-胶团	13.1	32.5	17.6	0.5	1.6	—	1.1	17.2	7.1	1.7	0.9	—	6.4	—
	7-胶团	12	30.2	17.2	0.8	1.6	—	1.3	19.5	8.1	1.3	0.8	—	7.1	—

2. 玉石浸泡

将M88：36号样品置于40℃超纯水内浸泡，块状胶团整体区域变化见图2-a～2-c，原剖面可溶物溶解于水中，玉块内部的可溶物又析出于剖面。剖面C、N含量先升高后降低，浸泡48 h后（每隔8 h更换1次超纯水）仍未完全析出，但含量趋于稳定，略高于初始值。随着可溶物的析出，玉质疏松处多处开裂，细小裂隙明显扩大，部分纤维状的矿物形貌发生转变。

Hty1号样品在40℃超纯水中浸泡24 h后剖面图见图2-d。与未浸泡前（图1-m）相比，玉内毛毡状透闪石晶簇裸露处增多，

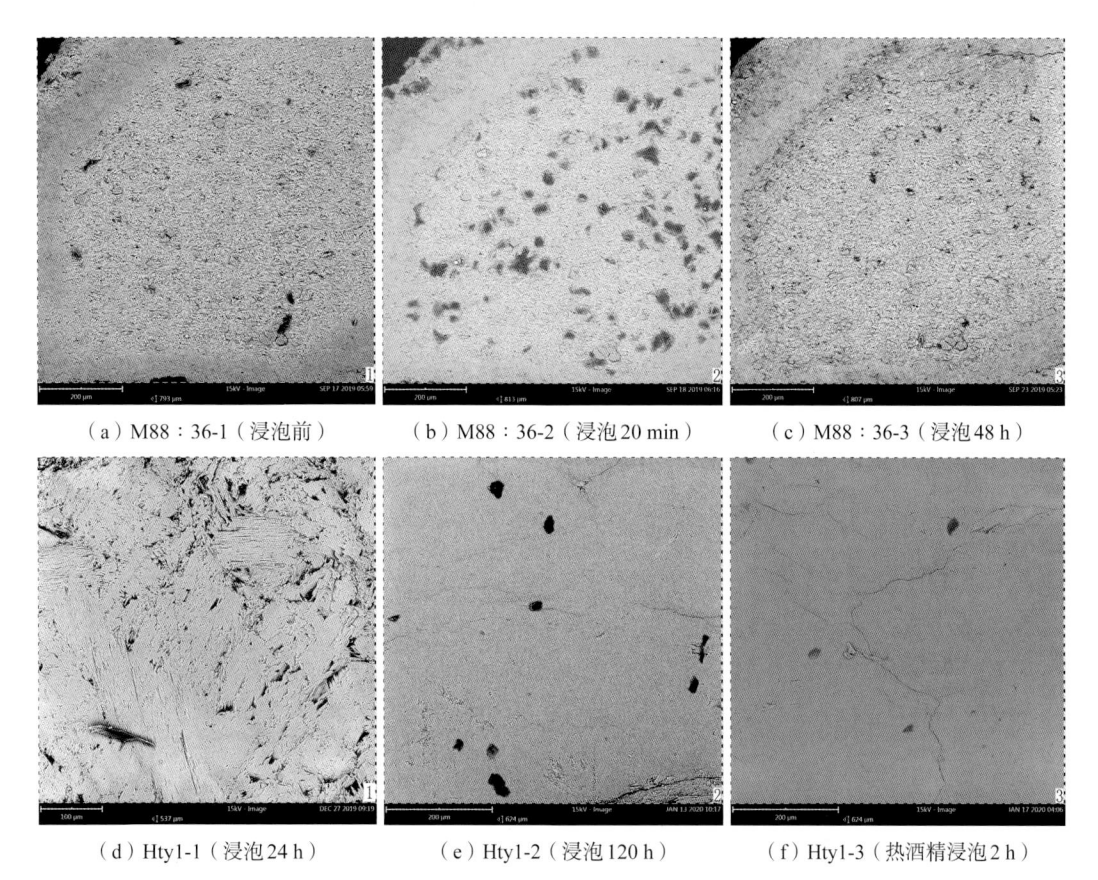

(a) M88:36-1（浸泡前）   (b) M88:36-2（浸泡20 min）   (c) M88:36-3（浸泡48 h）

(d) Hty1-1（浸泡24 h）   (e) Hty1-2（浸泡120 h）   (f) Hty1-3（热酒精浸泡2 h）

图2　玉器样品剖面的扫描电镜背散射电子像

凹陷处富集的块状胶团增加。Hty1号样品在40℃超纯水中浸泡120 h后剖面见图2-e，原先裸露的透闪石晶簇几乎不可见，整个表面呈现腐蚀后形貌。因多次更换浸泡超纯水，玉石剖面无机盐浓度降低，块状胶团聚集数有所减少（机理见本文"溶出物分析"部分）。超纯水浸泡后将Hty1样品置于100℃热源下的酒精中加热，2 h后样品剖面见图2-f，表面形貌变化不大。Hty1浸泡后元素变化见表3，超纯水浸泡120 h后剖面R值增加，C、N元素含量变化不大。

表3　玉器样品剖面的扫描电镜能谱分析结果

样品编号	区域	Ca	Si	Mg	Fe	Al	K	Na	C	N	S	Cl	R
M88:36浸泡过程	1	13.3	47.1	24	2.5	2.8	—	2.4	5.4	2.1	0.2	0.2	0.91
	2	10.8	41.6	22.3	2	2.5	—	2.4	13.3	4.6	0.3	0.2	0.92
	3	11.8	45.8	24	2	2.7	—	2.4	8.1	2.9	0.1	0.2	0.92

续表

样品编号	区域	Ca	Si	Mg	Fe	Al	K	Na	C	N	S	Cl	R
Hty1 浸泡过程	1	14.8	46.9	27.8	0.9	1.4	0.2	0.9	3.8	3.1	0.1	0.1	0.97
	2	13.3	48.3	29.4	0.4	1.4	0.1	0.9	3.1	3.1	0	0	0.99
	3	13.5	49.1	29.7	0.5	0.6	0.1	0.1	3	3.4	0	0	0.98

3. 溶出物分析

为确定溶出物来源，取少量M88棺椁内玉石附近土壤放入超纯水中浸泡，经多次过滤蒸馏后，取上层清液滴于载物台上，自然晾干后其上附着一层透明薄膜。薄膜边缘位置电镜图像见图3-a，图中呈现出三种形貌，内侧的溶出物呈针状，类似盐类结晶，外侧空气一端的溶出物类似干裂的泥土，中部形貌较为复杂，颜色较深且表面有白色圆形斑点。对应的能谱数据中，外侧干裂区域富含Si、Al元素，内侧富含

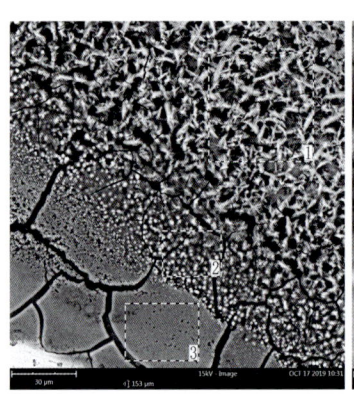

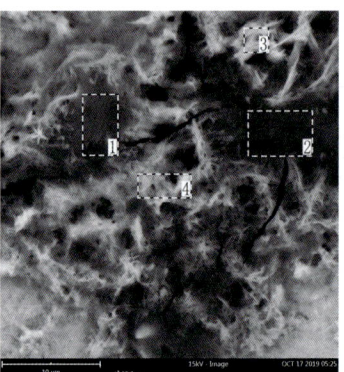

（a）棺内土壤溶出物薄膜边界　（b）棺内土壤溶出物内部胶团1　（c）棺内土壤溶出物内部胶团2

（d）Hty1-1超纯水溶出物　（e）Hty1-2酒精溶出物液滴边缘　（f）Hty1-3～6酒精溶出物液滴内部

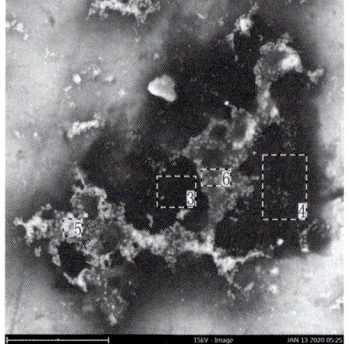

图3　溶出物的扫描电镜背散射电子像

Na、K、Ca、S、Cl等元素，中部C、N含量较高。由界面化学原理可知，造成这种现象的主要原因为内侧物质亲水，外侧物质疏水，中部物质为表面活性剂。为研究可溶物的具体成分，对薄膜内部胶团进行分析，结果见图3-b、图3-c及表4。胶团基体中C、N、Na含量较高，推测其主要成分为有机钠盐，针状晶体结构富含元素为Na、K、Ca、S、Cl，推测其主要成分为氯化钠、氯化钾及石膏，圆形斑点富含元素为Ca、S，推测其主要成分为石膏。

将Hty1号样品浸泡于超纯水中，使用磁力搅拌机在40℃下加热搅拌120 h，多次过滤后，取上层清液滴于载物台上，液滴溶出物主要成分为氯化钠。考虑到高级脂肪酸盐不溶于水，溶于热醇，将Hty1号样品浸泡于40℃酒精（体积分数90%）内加热搅拌120 h，经检测，酒精内几乎没有任何物质溶出。将Hty1号样品浸泡于100℃热源下加热的酒精中（因酒精蒸发较快，需不停添加），2 h后有大量物质溶出（高温时液体澄清，温度下降后转变为悬浊液），将酒精液滴于载物台，晾干后表面有一层油状物附着，油状物电镜结果见图3-e、3-f，结合表4中能谱数据可知，热酒精溶出物主要成分为碳含量极高的有机镁盐，在有机镁盐周围吸附了一定量的氯化钠。墓内土壤溶出物为易溶性的脂肪酸钠盐，由地下埋藏环境沁入玉石内部后，应优先与稳定性较弱的Ca离子结合生成脂肪酸钙并沉淀，而非脂肪酸镁，因此，初步判断有机镁盐源自玉石本体。

表4 溶出物的扫描电镜能谱分析结果

样品编号	区域	Ca	Si	Mg	Al	K	Na	C	N	S	Cl
M88棺内土壤溶出物薄膜边界	1-内侧	11.4	3.6	4.5	—	5.9	32.8	7	8	15.5	11.3
	2-中部	14.2	12.1	5.1	—	5.6	23.1	11	10.5	12.1	6.3
	3-外侧	6	41	1.4	25.3	1.8	6.8	6	6.3	3	2.4
M88棺内土壤溶出物内部胶团1	1-基体	4.4	2.2	4.6	—	2.1	18.5	57.2	4.6	3.3	3.1
	2-基体	3	1.5	4.3	—	1.6	14.1	66	5.2	2.1	2.2
	3-针状	9.7	1.5	4	—	3.7	38.1	9.5	7.7	16.3	9.5
	4-针状	9.4	2.3	4.3	—	4.7	34.7	6.3	5.9	12.7	19.7
M88棺内土壤溶出物内部胶团2	1-基体	5.3	4.4	6.9	—	2.2	28.2	19.9	19.5	5.4	8.2
	2-圆形	19	1.7	3.6	—	5.3	28.1	7.8	9.8	20.4	4.3
	3-圆形	17.3	1.2	3.4	—	4.8	32.2	6.5	9.2	21.6	3.8

续表

样品编号	区域	Ca	Si	Mg	Al	K	Na	C	N	S	Cl
Hty1超纯水溶出物	1	6	1.9	8.1	—	2.4	34	6.6	6.9	2.6	31.5
Hty1酒精溶出物液滴边缘	2	1.4	1.5	9.8	—	1.7	29.8	40.8	2.9	3.4	8.7
Hty1酒精溶出物液滴内部	3-基体	—	1.3	11.2	—	2.2	10.9	69.2	2.3	1	1.9
	4-基体	—	0.8	13.5	—	—	6.7	73.6	2.9	0.8	1.7
	5	1	2.1	7.3	—	1.9	37	26.2	1	2.9	20.6
	6	—	1.1	3.9	—	1.8	40.2	30	1.4	3.2	18.4

（二）拉曼光谱分析

1. 苏家垄玉石分析

苏家垄玉石及青海玉样品Hty1拉曼光谱大致相同，均在220、364、393、673、925、1027、1059 cm^{-1}区域出现透闪石矿物的拉曼特征峰[1]，M88：36号样品在481、509 cm^{-1}区域出现钠长石的特征吸收峰。

2. Hty1溶出物分析

Hty1样品100℃酒精溶出物自然晾干后的拉曼光谱见图5-a的Hty1：溶出物在2849 cm^{-1}区域出现CH$_2$伸缩振动特征峰；在2875 cm^{-1}区域出现CH$_3$伸缩振动特征峰；在1447 cm^{-1}区域出现羧基（COO$^-$）对称伸缩振动峰[2]；1301 cm^{-1}区域出现（CH$_2$）$_n$非平面摇摆特征峰；1062、1149 cm^{-1}区域出现C—C骨架伸缩振动特征峰；892 cm^{-1}区域出现的特征峰为碳链C—C—C对称伸缩振动[3]；123 cm^{-1}区域出现的特征峰与有机链长有关，链长越短频率越高，例如含18个碳原子时频率为145 cm^{-1}，含12个碳原子时频率为204 cm^{-1}，该谱带强度与链构型有序度有关，

---

[1] 冯晓燕、陆太进、张辉等：《拉曼光谱分析在软玉颜色评价中的应用》，《矿物岩石》2015年第1期，第1—6页。

[2] 罗曼、关平、刘文汇等：《几种饱和脂肪酸及其盐的拉曼光谱研究》，《光谱学与光谱分析》2006年第11期，第2030—2034页。

[3] 柯以侃、董慧茹：《分析化学手册·3B·分子光谱分析》，化学工业出版社，2016年。

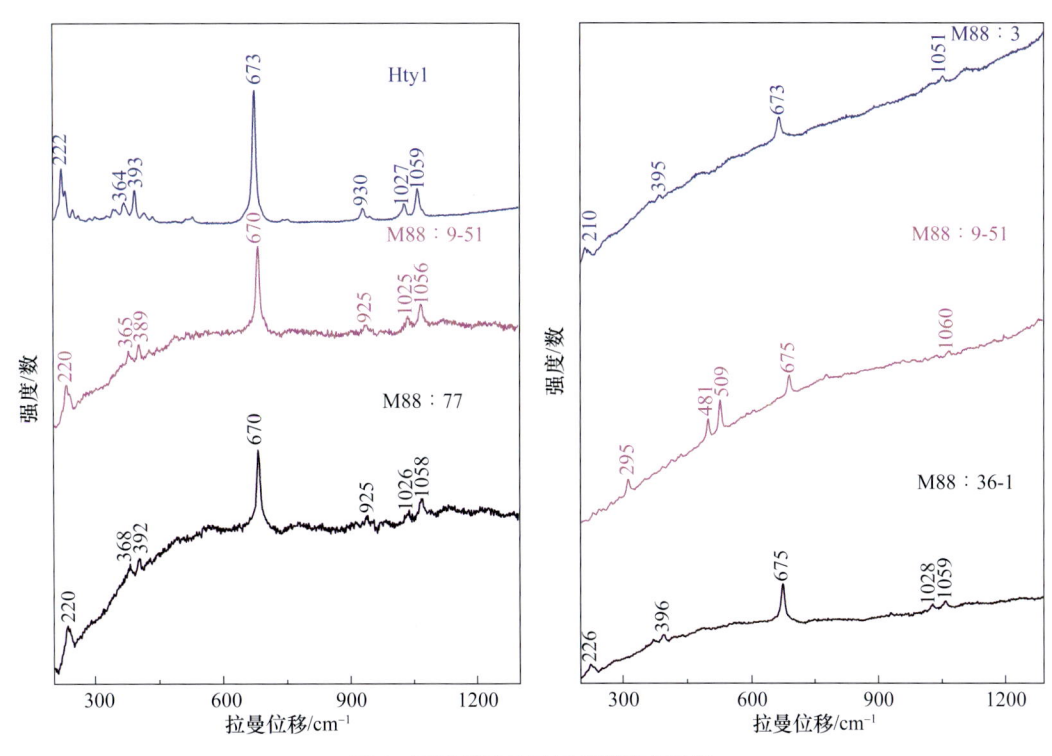

图4 玉器样品的拉曼光谱分析结果

有序度降低，谱带减弱[①]，溶出物123 cm^{-1}区域出现的特征峰频率低，谱带强，结合能谱数据判断溶出物为有序度较高的高级饱和脂肪酸镁。

为增加横向对比，同步分析的硬脂酸钠、硬脂酸镁，其拉曼光谱也放于图5-a，三者官能团基本一致，链式结构存在些许差别。由于Hty1酒精溶出物与硬脂酸钠样品（放置过久）吸潮，部分脂肪酸盐还原为脂肪酸，所以其拉曼光谱图中1600 cm^{-1}区域出现羧酸C＝O对称伸缩振动峰。

将Hty1酒精溶出物低温烘干后检测，发现光谱图产生一些变化（图5-b的Hty1）：样品特征峰大幅度降低，前端隆起。为研究该变化产生机理，将硬脂酸镁加热至熔融，玻璃化后的硬脂酸镁特征峰完全消失，变为平滑曲线。由此可知，有机酸盐

---

① 翁诗甫、卞江、吴瑾光等：《某些长链脂肪酸及其盐的拉曼光谱研究》，《全国第八届分子光谱学术报告会文集》，北京大学出版社，1994年，第187—189页。

(a)硬脂酸盐比对　　(b)白云岩比对

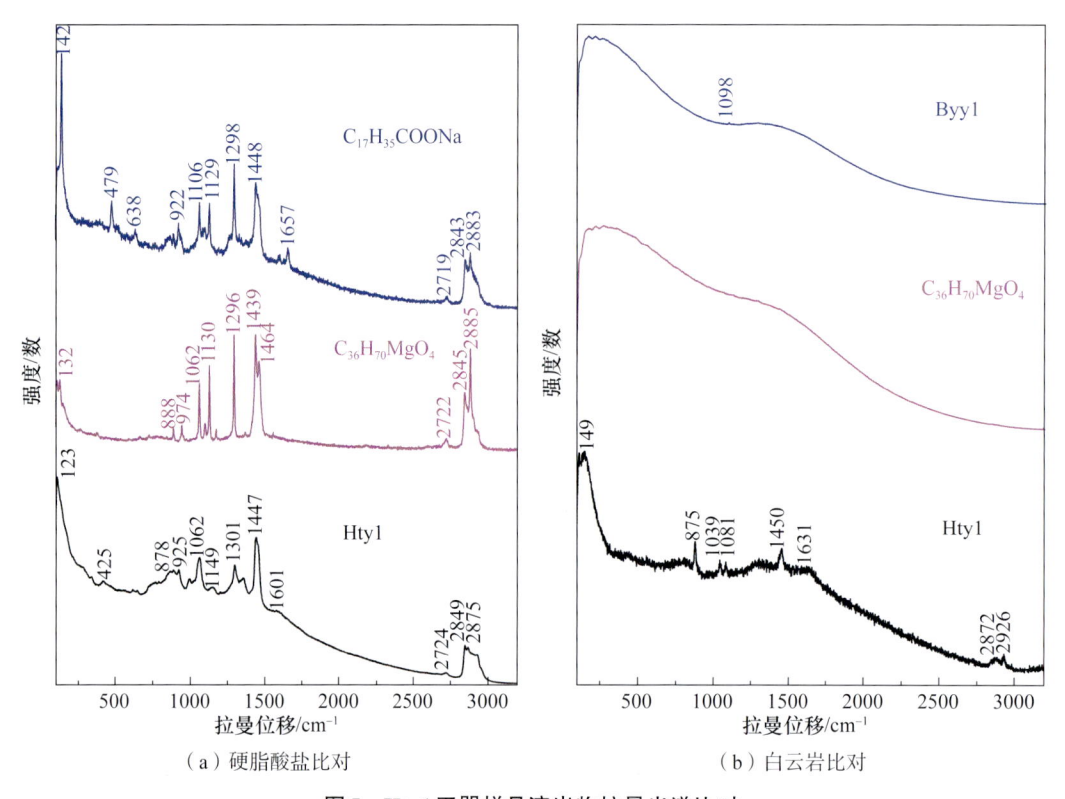

图5　Hty1玉器样品溶出物拉曼光谱比对

受热后玻璃化造成Hty1酒精溶出物的谱峰变化。

透闪石是由高温热液渗入镁质碳酸盐（以白云岩为主）内发生交代作用而形成。为研究脂肪酸盐的来源，与白云岩比对分析，白云岩整体呈灰褐色，其拉曼光谱图见图5-b的Byy1，岩内玻璃相高级脂肪酸镁谱峰强度极高，完全覆盖了白云石特征峰，1098 cm^{-1}区域的碳酸根特征峰几不可见。

（三）红外光谱分析

在苏家垄M88号墓玉石样品上刮取少量粉末，溴化钾压片后利用红外光谱分析，4个样品均在460、509、686、756、925、948、999、1070、1106和3675 cm^{-1}区域有明显的透闪石的红外吸收峰[1]。选取代表性玉石光谱图与M88棺椁内土壤溶出的结晶物比对，结果见图6-a。样品均在3440 cm^{-1}区域出现O—

---

[1] 杨林、林金辉、王雷等：《贵州罗甸玉红外光谱特征及意义》，《光谱学与光谱分析》2013年第8期，第2087—2091页。

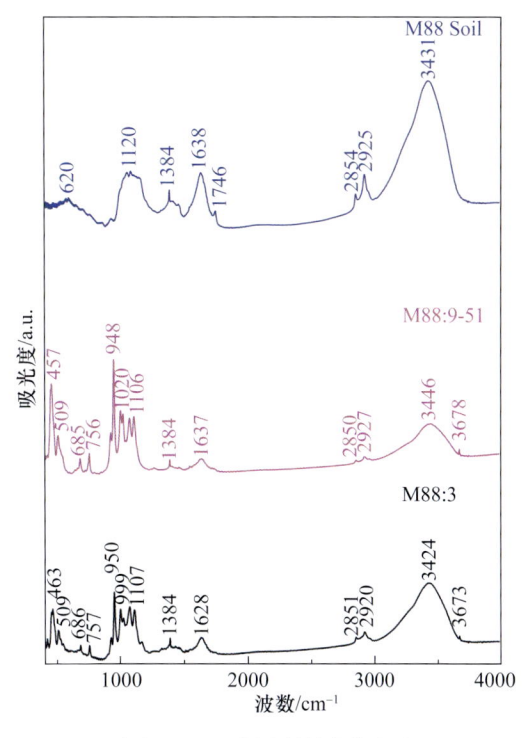

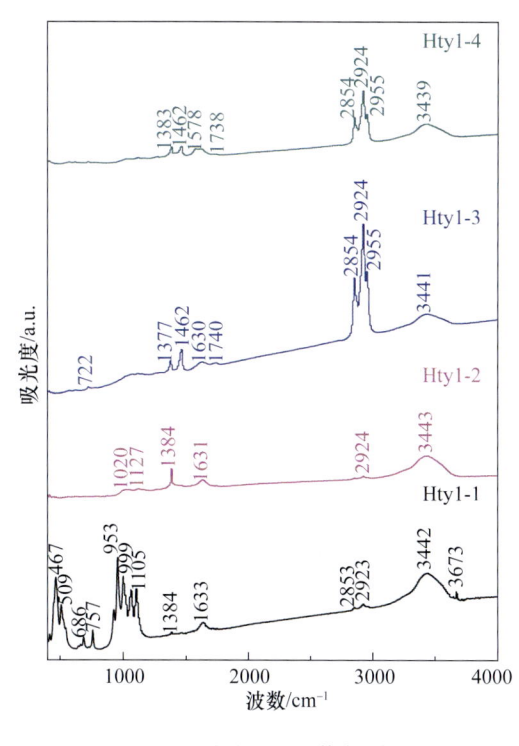

(a) M88玉石及土壤溶出物比对　　　　　(b) Hty1及其溶出物

图6　玉器样品的红外光谱分析结果

H键伸缩振动峰，在1630 cm^{-1}区域出现O—H键的弯曲振动峰，在1384 cm^{-1}区域出现硝酸根特征峰[①]，其内含有水合硝酸盐，硝酸盐溶解性较强，应来源于外部环境。此外，土壤溶出物还在1746 cm^{-1}区域出现羧酸C＝O伸缩振动峰，在2925 cm^{-1}与2854 cm^{-1}区域出现CH$_3$和CH$_2$的伸缩振动峰，在1120、620 cm^{-1}区域出现硫酸根SO$_4^{2-}$特征峰，其内含有脂肪酸及石膏。石膏为土壤中的正常组分，呈胶体状，土粒直径<200 nm，单靠过滤无法分离。

山料玉石Hty1拉曼光谱见图6-b的Hty1-1，谱峰与苏家垄M88号墓玉石基本相同。Hty1的超纯水溶出物在能谱中显示主要成分为氯化钠，氯化钠在红外光谱中无特征峰，因此其光图谱（图6-b的Hty1-2）峰位与土壤溶出物大致相似，主要成分为水合硝酸钠，因内部不含石膏，在1022、1127 cm^{-1}区域仅有低

---

① 柯以侃、董慧茹：《分析化学手册3B分子光谱分析》，化学工业出版社，2016年。

矮的C—C骨架振动特征峰[①]。

Hty1的热酒精溶出物自然晾干后部分为油状物，光谱图见图6-b的Hty1-3：最强峰2955、2924、2854 cm^{-1}区域为CH_3伸缩振动和CH_2的对称伸缩振动及反对称伸缩振动，该峰位强度越高则有机长链长度越长；1462、1377 cm^{-1}区域为CH_3不对称变形振动和对称变形振动特征峰；722 cm^{-1}为CH_2同相摇摆振动特征峰；1740 cm^{-1}区域为羧酸C=O伸缩振动峰，主要成分为高级饱和脂肪酸。

自然晾干后，Hty1的热酒精溶出物部分转为固体，光谱图见图6-b的Hty1-4，其中除脂肪酸特征峰外，在1578、1410 cm^{-1}区域出现羧基（COO^-）对称伸缩和反对称伸缩振动特征峰[②]，1383 cm^{-1}区域出现硝酸根特征峰。结合能谱数据，判断其主要成分为高级饱和脂肪酸镁、水合硝酸钠、并含有少量高级脂肪酸。

（四）透闪石玉中的脂肪酸盐

地球化学中将沉积有机质分为已经固结在沉积岩中的有机质和未固结的沉积有机质。后者主要由腐殖质组成。腐殖质结构十分复杂，它是动植物残体经化学和生物降解，随后又在微生物的参与下缩聚形成的复杂混合物。海水、湖泊中的腐殖质多来源于水生生物，富含脂肪族化合物，芳香结构较少；土壤、泥炭中的腐殖质来源于高等植物，以酚结构为主，脂肪结构较少[③]。不同环境中形成的腐殖质，元素含量有一定差别，N/C原子比由海洋、湖泊到土壤、泥炭依次递减。

沉积有机质总量大，常与细粒成分共生，分布很不均衡，95%集中在泥页岩和碳酸岩中，地层越老，保存的有机质越少，富含沉积有机质的环境主要有浅海、湖泊及三角洲。国内透闪

---

① 柯以侃、董慧茹：《分析化学手册·3B·分子光谱分析》，化学工业出版社，2016年。

② 罗曼、关平、刘文汇：《利用红外光谱鉴别饱和脂肪酸及其盐》，《光谱学与光谱分析》2007年第2期，第250—253页。

③ Meyers P A, Ishiwatari R. Lacustrine Organic Geochemistry: An Overview of Indicators of Organic Matter Sources and Diagenesis in Lake Sediments. Organic Geochemistry, 1993, 20 (7): 867-900.

石—阳起石玉的主要产地为新疆的昆仑山、阿尔金山，以及青海的格尔木，该地区在20亿至3000万年前为一片汪洋大海，史称古地中海。虽然地层越老，保存的有机质越少，但固结在沉积岩中的沉积有机质却因极难溶出而得以保存，且因来源于水生生物而多以脂肪族结构存在。

沉积有机质富集于玉石产地的碳酸岩中，来自岩浆或质变作用过程中产生的高温热液（约400℃），渗透到镁质碳酸岩内发生交代作用，形成透闪石质的岩石。脂肪酸易与地质体中的金属阳离子结合生成脂肪酸盐，在碱性环境下稳定，在酸性环境下与H^+结合，还原为脂肪酸。碳酸岩成岩环境为碱性，镁质碳酸盐富含镁离子，岩内高级脂肪酸盐多为高级脂肪酸镁。高级脂肪酸盐碳链长度越长，熔沸点越高，交代作用发生时，热传导过程存在耗损，地底又处于高压环境，此时的高级脂肪酸镁以熔融态存在。玉石的形成过程中，熔融态的高级脂肪酸镁在冷却时转变为玻璃相分布于晶界或晶体间隙，成为玉石的组成部分。

透闪石玉的腐蚀大致分为可两个阶段。第一阶段：未受沁的玉材，玉质紧密且纤维状晶簇不明显。当腐蚀发生时，玉器表面层链状结构间隙的玻璃态脂肪酸盐及杂质首先崩解溶出，毛毡状的透闪石晶簇裸露，之后，玉器内部溶出的脂肪酸盐弥散覆盖住外层裸露的晶簇并在部分区域聚集形成块状胶团。该过程中透闪石链状结构未发生变化，玉石强度及硬度均维持原状，杂质溶出后更显通透。第二阶段：随着腐蚀程度加深，晶体间隙的脂肪酸盐大量溶出，失去缓冲的透闪石纤维状晶链变得极易碎裂，随着腐蚀的进一步发生，玉器表层链状结构中Ca—O键及Fe—O键因强度较低优先断裂，腐蚀产物随水溶出，钙、硅、铁三种元素流失，玉石中阳起石结构减少，伴随着褪色白化，玉质由透明向不透明转变。

曾国墓地土壤呈酸性，玉石埋入后部分高级脂肪酸镁被还原成脂肪酸，脂肪酸又可与钠、钾、铵离子结合形成离子型表面活性剂。离子型表面活性剂在水中达到一定浓度时，会由单体缔合成为胶态聚集物，形成胶团。当离子型表面活性剂溶液中有无机盐加入时，胶团聚集数随无机盐浓度增加而增加，无

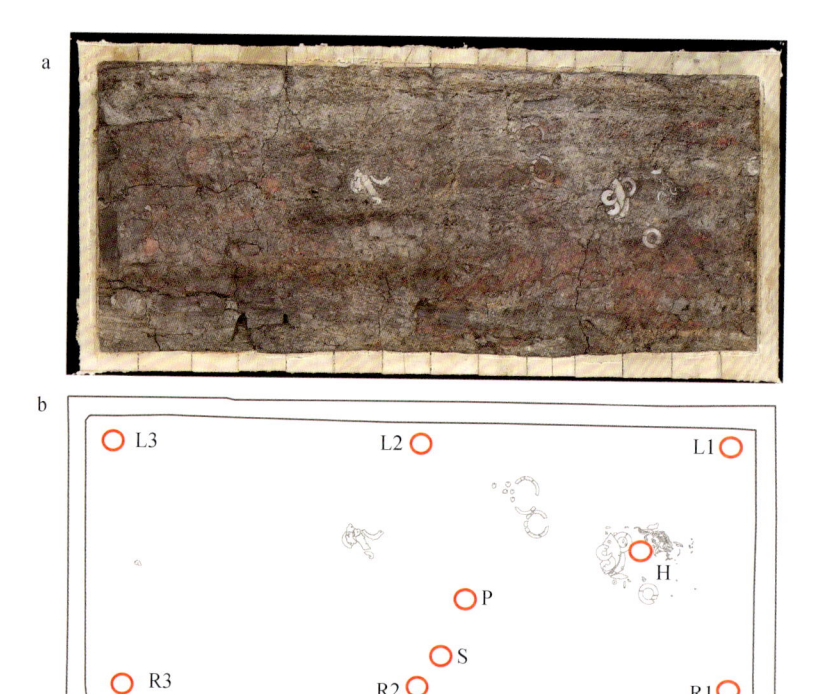

180 | 精致考古——山东大学实验室考古项目论文集（一）

Figure 1　The planform of the soil mass of the tomb M88. a, the real condition of the soil; b, the position of the sampling sites

Figure 2　The microstructure of the sample S. The red bar is 200 μm

Distribution and diversity of organisms in tomb soil excavated in the laboratory: a case study of tomb M88 from Sujialong Cultural Property, China | 181

Figure 3　The microstructure of the sample P. The red bar is 250 μm

Figure 4　The SEM-EDS results of the sample P

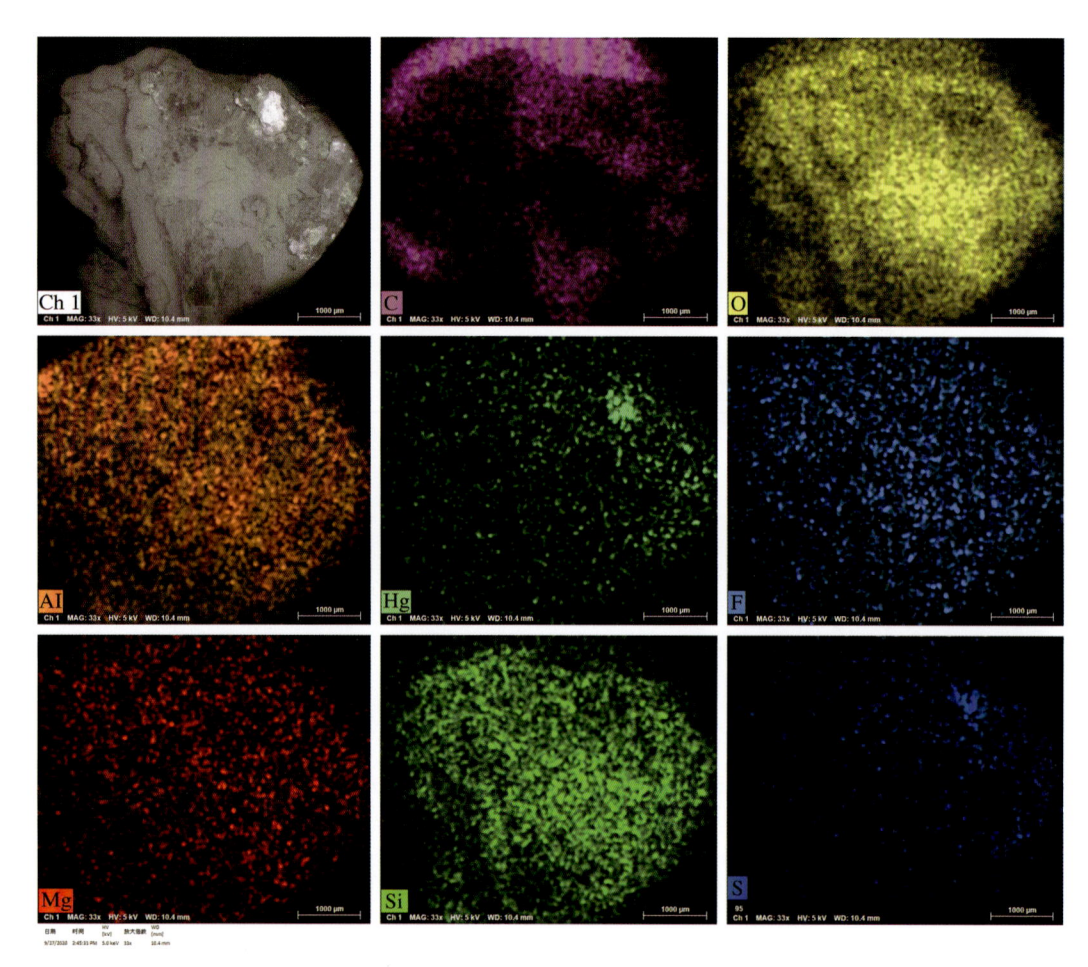

Figure 5 The distribution of elements in the sample P

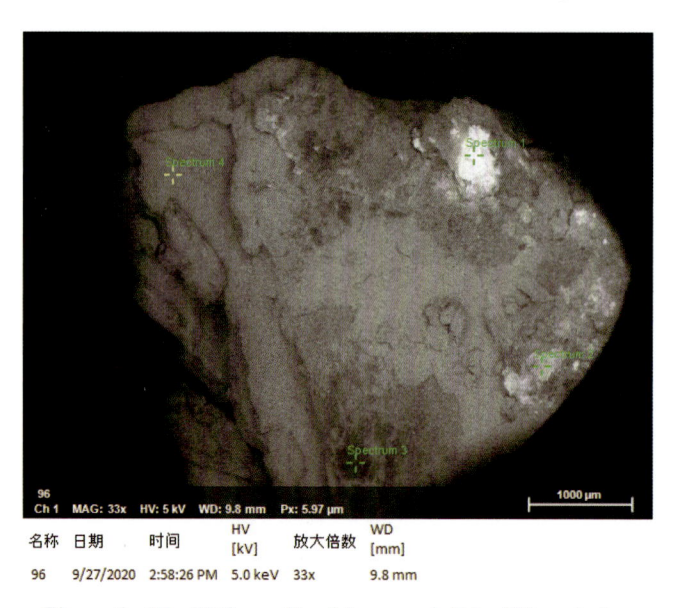

Figure 6 The EDS results of the sample P in different sites

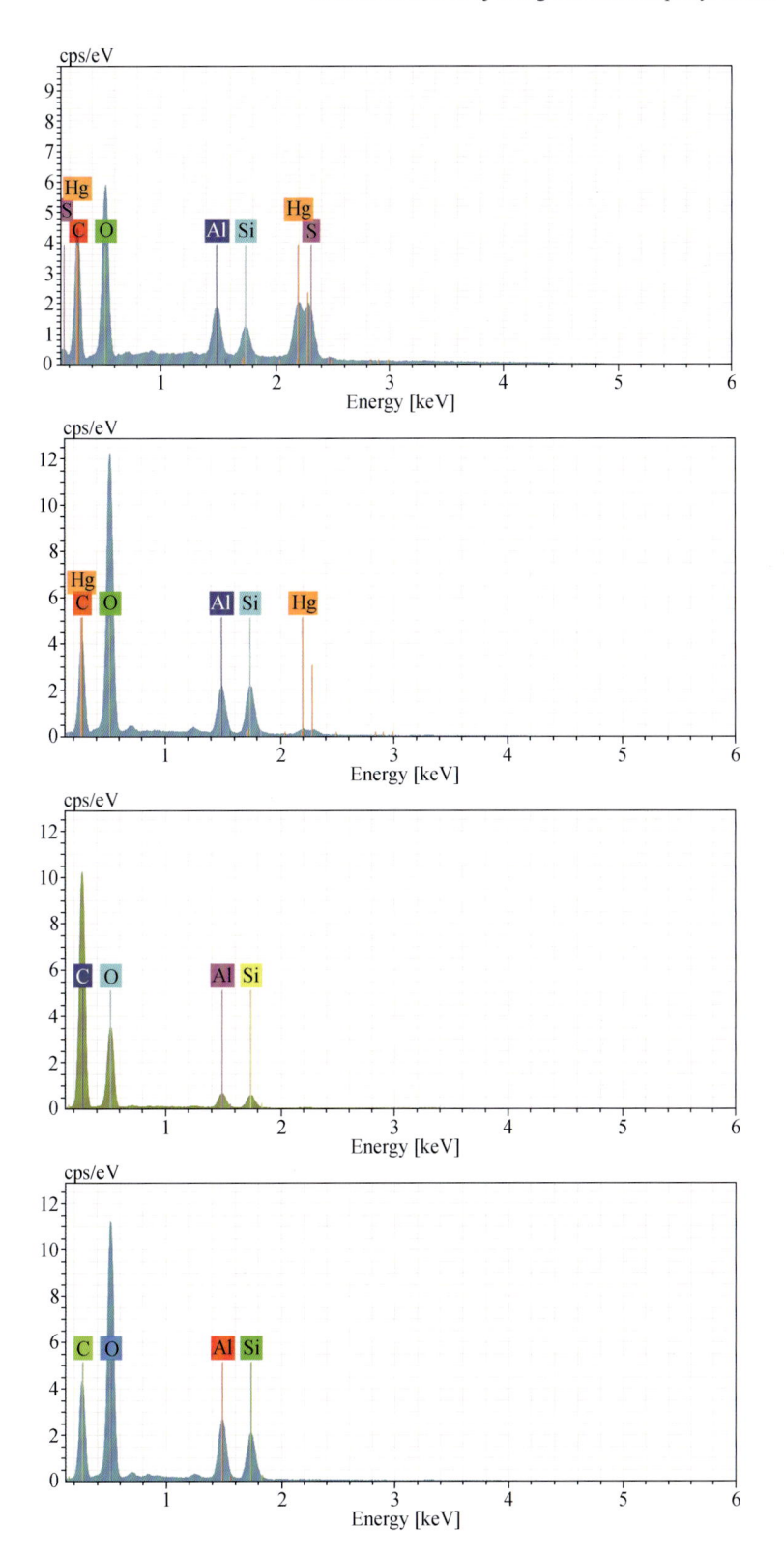

Figure 6　The EDS results of the sample P in different sites（Continuous）

General analyses of microbial community diversity

A total of 1320926 valid sequence reads remaining after chimera removal were obtained from the nine samples, yielding a total of 438358 OTUs within 16s rDNA sequences and 718573 OTUs within ITS rDNA sequences. Within individual samples of the total set of nine samples, numbers of OTUs within 16s rDNA sequences ranged from 23248 to 71743 per sample, while OTUs numbers for ITS rDNA sequences ranged from 42998 to 118627 per sample. Thus, OTUs from any individual sample provided adequate coverage of microbial communities in the samples, as based on a Good's Coverage threshold of >97%. Next, community richness and diversity were evaluated for the nine samples using alpha diversity index-based analysis based on Chao1, ACE, Shannon and Simpson Indices (Table 1). The results showed that the number of eukaryote species was lower than that of prokaryote species in each sample. Notably, sample H exhibited the highest degree of prokaryotic richness but the lowest degree of eukaryotic richness, while sample R1 exhibited the opposite results.

Table 1 Alpha diversity of the nine samples

Sample	ACE Indics 16s rDNA	ACE Indics ITS rDNA	Chao1 Indics 16s rDNA	Chao1 Indics ITS rDNA	Shannon Indics 16s rDNA	Shannon Indics ITS rDNA	Simpson Indics 16s rDNA	Simpson Indics ITS rDNA
L1	1685.73	83.48	1586.52	83.50	6.16	3.82	0.96	0.86
L2	1775.43	59.00	1685.14	59.00	6.53	4.65	0.96	0.93
L3	1201.00	51.81	1183.02	51.00	6.15	3.93	0.95	0.90
R1	944.63	95.84	984.37	95.33	5.62	4.38	0.93	0.92
R2	1273.36	49.62	1242.53	48.50	5.62	3.66	0.92	0.86
R3	1131.88	57.00	1055.23	57.00	6.09	1.71	0.95	0.42
H	2538.39	38.44	2396.67	38.00	6.71	3.87	0.96	0.90
P	2337.29	72.10	2212.64	71.50	6.49	3.86	0.96	0.88
S	2117.59	55.61	1945.76	55.00	6.08	3.37	0.96	0.80

Next, community similarity was evaluated for the different samples using beta diversity indexes such as PCoA (Fig. 7) and UPGMA clustering tree (Fig. 8). With regard to prokaryotic community similarity, the community composition of sample L2 was obviously

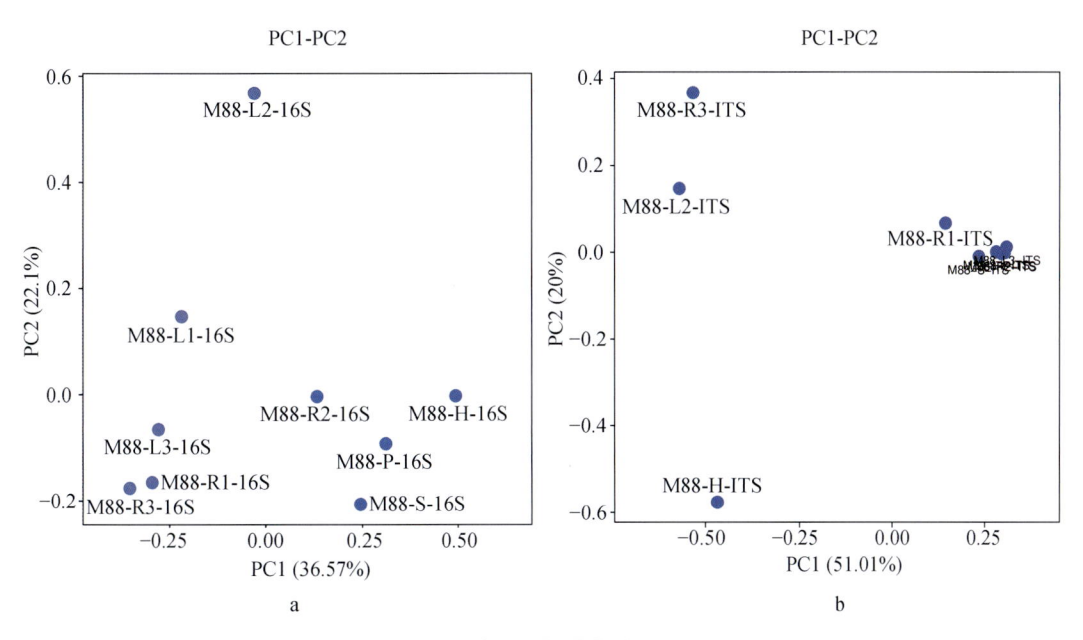

Figure 7 PCoA

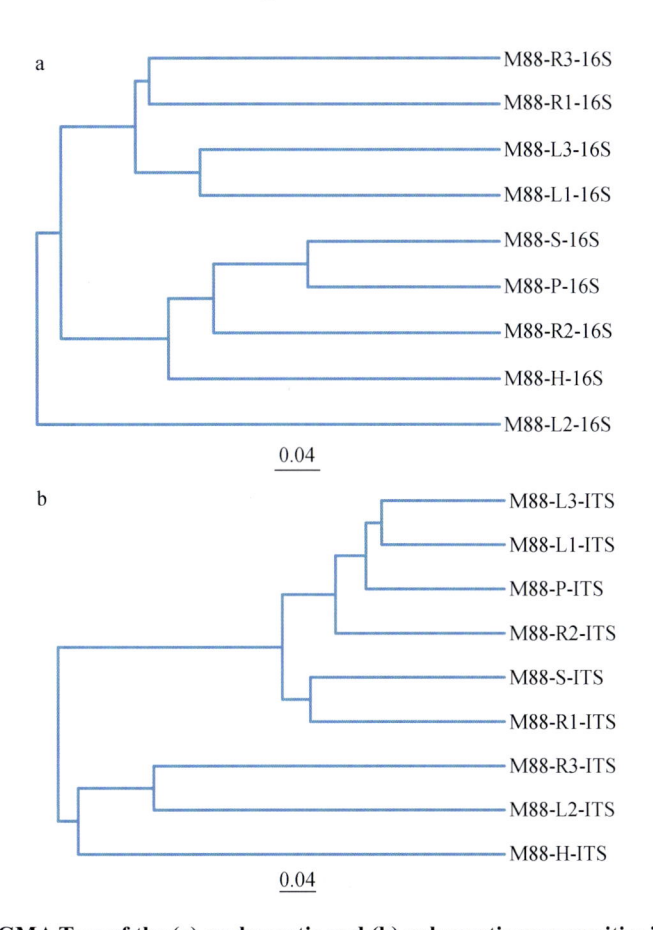

Figure 8 UPGMA Tree of the (a) prokaryotic and (b) eukaryotic communities in the samples

different from that of other samples; it did not cluster together with the two main sample group clusters, R1, R3, L1 and L3, and R2, S, H and P, based on prokaryotic similarity clustering. The eukaryotic community composition of sample H was the most specific of the nine samples, samples L2 and R3 had similar eukaryotic communities and all other samples shared a similar eukaryotic group.

Distribution and diversity of organisms in the tomb soil mass

Prokaryote sequences identified in the nine samples and their relative abundance are summarized in Fig. 9. Most sequences of prokaryotic populations comprising the communities of all samples were derived from bacteria of the following phyla (Fig. 9-a): *Proteobacteria*, *Acidobacteria*, *Actinobacteria*, *Bacteroidetes*, *Nitrospirae*, *Chloroflexi* and *Firmicutes*. *Proteobacteria* was the most abundant phylum in all samples (except L2), with percentages of all phyla per sample of 56.79% (L1), 26.21% (L2), 75.99% (L3), 82.73% (R1), 73.19% (R2), 75.86% (R3), 63.64% (H), 74.76% (P) and 78.41% (S). *Acidobacteria* was the major phylum in L2 (58.02%) and the second major phylum in six other samples (L1, L3, R1, R2, P and S) where it ranged in prevalence from 5.77% to 20.44%. Meanwhile, *Actinobacteria*, *Bacteroidetes* and *Firmicutes* also comprised a large proportion of community phyla, with average of 3.96%, 5.02%, 3.01% in the nine samples, respectively.

Prokaryotic populations at the genus level are listed in Fig. 9-b. Unclassified bacteria comprised the majority of species, accounting for 17.36% to 59.92% of species in the nine communities. *Cupriavidus* was detected in all samples and was the most abundant genus in L1, L3, R2, P and S, accounting for 13.72%, 20.75%, 19.15%, 16.25% and 11.21% of genera, respectively. *Rhodanobacter* was the major genus in R1 (20.6%) and was also widely distributed among the other samples (except for L2 and H), with an average of 7.32%. *Escherichia-Shigella* was the dominant genus in sample H (13.16%) and the second most predominant group in P (7.37%)

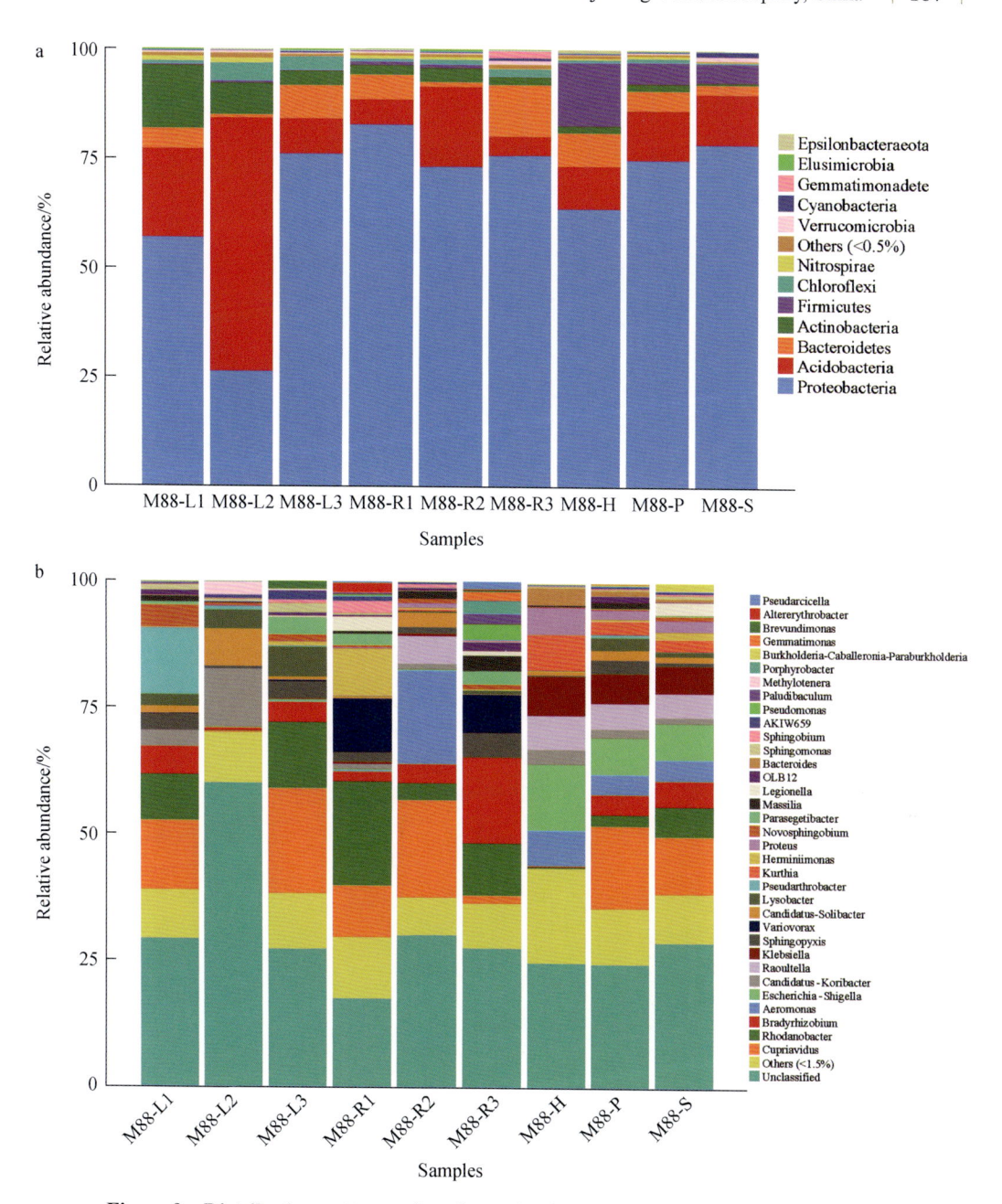

Figure 9 Distribution patterns of prokaryotic phyla (a) and genera (b) in the samples

and S (7.22%). *Candidatus-Koribacter* and *Candidatus-Solibacter* were major genera in L2 (11.44% and 7.35%, respectively), while *Pseudarthrobacter*, *Bradyrhizobium*, *Variovorax* and *Aeromonas* were the main genera in single samples such as L1 (13.04%), R3 (16.97%), R1 (10.63%) and R2 (18.5%), respectively, but were present in low abundance in the other samples.

Identified eukaryote sequences and their relative abundance levels in samples are summarized in Fig. 10. *Ascomycota*,

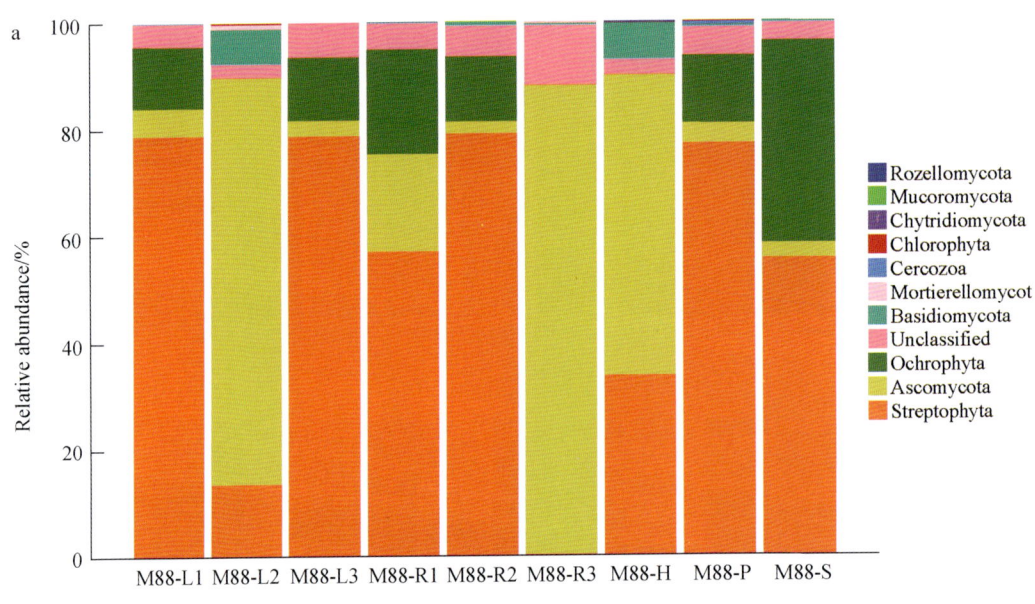

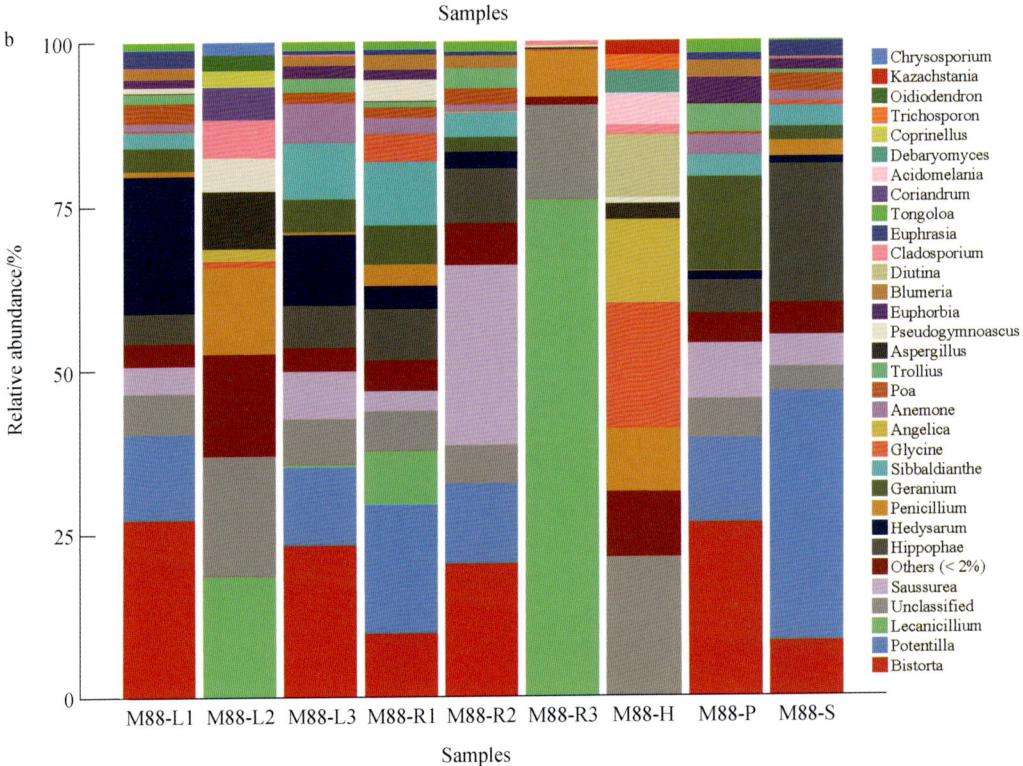

Figure 10 Distribution patterns of eukaryotic phyla (a) and genera (b) in the samples

Streptophyta and *Ochrophyta* were the dominant phyla, which together had an average abundance of 92.73%. *Ascomycota* was the most common fungal phylum detected in L2 (76%), R3 (87.79%) and H (56.17%), but in the other samples the plant phylum *Streptophyta* predominated, accounting for 78.85% (L1), 78.75% (L3), 57.06% (R1), 79.13% (R2), 77.09% (P) and 55.63% (S) of phyla detected in the samples. *Ochrophyta* was detected in six samples, accounting for 11.49% (L1), 11.88% (L3), 19.61% (R1), 12.14% (R2), 12.62% (P) and 47.76% (S) of phyla detected in samples. Fungal phylum *Basidiomycota* was detected in seven samples, but only predominated in L2 (6.57%) and H (6.76%).

Additionally, the eukaryotic population profile at the genus level is described in Fig. 10b. Unclassified genera were enriched in samples L2, R3 and H, with an average abundance of 17.94% as compared to 5.77% in the other samples, while no eukaryotic genus was common to all samples. Microbial communities in L2 and R3 samples were enriched with fungal genera such as *Lecanicillium* (18.56%, 75.73%), *Penicillium* (13.35%, 7.05%) and *Aspergillus* (8.76%, 0.3%). Meanwhile, *Lecanicillium* was also predominant in R1 (8.21%), while *Penicillium* was one of the predominant genera in H (9.68%). The most representative eukaryotic groups detected in the other samples were those of plants, especially *Bistorta* and *Potentilla*, which were respectively enriched in six samples as follows: L1 (27.12%, 13.03%), L3 (23.21%, 11.88%), R1 (9, 73%, 19.62%), R2 (20.36%, 12.14%), P (26.45%, 12.86%) and S (8.43%, 37.98%). In addition, *Geranium, Saussurea, Hippophae, Sibbaldianthe* and *Hedysarum* were also detected in the six samples, but were only dominant in one or two samples. Notably, *Glycine* (19.07%) and *Angelica* (12.66%) were represented in H but comprised only a small proportion of genera in the other samples.

Discussion

Deterioration of buried relics depends on factors associated with the burial environment, such as soil pH, temperature, moisture and microorganisms present at the grave site[①]. Tombs generally contain the body of the owner and various funerary materials, such as the commonly encountered mineral cinnabar, textiles derived from the tomb owner's clothing (including silk and hemp fabric) and coffin cover material (wood brushed with raw lacquer), among other related items[②]. However, due to the fact that most relics in tomb M88 had been degraded and mixed with the tomb soil, here we investigated the visible residual relics, whether re-established soil microbial communities during excavation could take part in the degradation of residual relics, practicability of high-throughput sequencing in detecting plant residues of former tomb contents, and provide useful information for protecting tomb relics against

---

① Zhou C, Byard R W. Factors and Processes Causing Accelerated Decomposition in Human Cadavers - An Overview. Journal of Forensic and Legal Medicine, 2011(1):6-9; Lowe A C, Beresford D V, Carter D O, et al. The Effect of Soil Texture on the Degradation of Textiles Associated with Buried Bodies. Forensic Sci. Int. 2013 Sep 10;231(1-3):331-9; Li Y, Huang Z, Petropoulos E, et al. Humidity Governs the Wall-Inhabiting Fungal Community Composition in a 1600-Year Tomb of Emperor Yang. Scientific Reports, vol. 10, 2020; Ma W X, Wu F S, Tian T, et al. Fungal Diversity and Its Contribution to the Biodeterioration of Mural Paintings in Two 1700-Year-Old Tombs of China. International Biodeterioration & Biodegradation, vol. 152, 2020; Kazarina A, Gerhards G, Petersone-Gordina E, et al. Analysis of the Bacterial Communities in Ancient Human Bones and Burial Soil Samples: Tracing the Impact of Environmental Bacteria. Journal of Archaeological Science, vol.109, 2019; Margariti C. The Effects of Micro-Organisms in Simulated Soil Burial on Cellulosic and Proteinaceous Textiles and the Morphology of the Fibres. Studies in Conservation, 2020(5): 282-297.

② Wang B. A Study on Graves of Zeng State Period, 2009; Zhu W. On the Funeral System Reflected in Shisangli and Jixili in Yili, 2008.

future decay. It is known that acidic soil will accelerate degradation of archaeological relics. Although tomb M88 was found in Hubei province, where the soil is thought to be acidic, we found that the pH of tomb soil that was transferred to the laboratory was neutral, as reported previously for soil from cultivated fields in Hubei province[①]. Thus, our result indicated that soil pH played a minor role in residual relic degradation at the excavated site of laboratory. In order to prevent surface cracking of the tomb soil mass, we frequently sprayed water on the surface so that environmental microbes would enter and colonize the tomb soil and embedded relics. This implied that high humidity conditions indirectly drove relic degradation by supporting microbial growth.

Importantly, profiles of bacterial communities among the nine samples revealed relationships with sampling sites (Fig. 1-b and Fig. 8). For example, microbial community profiles at the edges of the soil mass (L1, L3, R1 and R3) differed from profiles associated with H, P and S relic samples that harbored obvious archaeological residues. The R2 sampling site was in close proximity to P and S sampling sites as a possible explanation for why these samples yielded similar bacterial community profiles. Intriguingly, *Firmicutes* was enriched only in H, P and S samples that contained obvious relic residues, most bacteria belonging to this phylum are intestinal flora (*Aeromonas*, *Escherichia-Shigella*, *Klebsiella*, *Kurthia* and *Raoultella*) that are conditional pathogens. It has been suggested that intestinal flora of the tomb owner may linger at tomb sites and participate in degradation of cellulose, protein and other organics[②]. The relics provide nutrients that fuel bacterial growth

---

① Zhang Y P, et al. Trend Analysis and Influencing Factors of Soil Acidity and Alkalinity in Hubei. Resources Environment and Engineering, 2018: 32, 30-34.

② Wang B. A Study on Graves of Zeng State Period. Central China Normal University Master's thesis, 2009; Zhu W. On the Funeral System Reflected in Shisangli and Jixili in Yili. Xiamen University Master's thesis, 2008.

and thus may promote enrichment of these bacteria within the tomb site. It is possible that the enriched intestinal flora might infect and harm tomb excavators while also accelerating degradation of residual relics. *Pseudarthrobacter* was also enriched in H, P, S and R2 samples and is known to excrete dextranase, an enzyme with a known role in degradation of polysaccharides such as cellulose[①], as another potential cause of residual relic degradation. Meanwhile, *Cupriavidus*, which is known for its ability to resist toxic heavy metals, is normally associated with sites harboring high concentrations of heavy metals[②]. Here, this genus was detected in most samples (except for H, L2 and R3) and its detection likely resulted from diffusion of copper ions from bronzeware artifacts into the tomb soil as numerous bronzewares were excavated in the tomb.

Interestingly, although numbers of identified fungal sequences were lower than numbers of identified bacterial sequences in the samples, total numbers of ITS OTU sequences greatly exceeded numbers of 16s OTU sequences. In addition, profiles of eukaryotic communities indicated they were much more diverse than prokaryotic communities, with no obvious relationship found between community diversity and sampling site location. Nevertheless, hypervariable regions of ITS sequences, which

---

① Zu H T, et al. Screening, Identification of Pseudarthrobacter Sp. RN22 Secreted Dextranase and Enzymatic Properties. Food and Fermentation Industries, 1-10 (2021).

② Mergeay M, Monchy S, Vallaeys T, et al. *Ralstonia Metallidurans*, a Bacterium Specifically Adapted to Toxic Metals: Towards a Catalogue of Metal-Responsive Genes. FEMS Microbiology Reviews, vol.27, 2003: 385-410; Shi Z J, Zhang Z F, Yuan M, et al. Characterization of a High Cadmium Accumulating Soil Bacterium, Cupriavidus Sp. WS2. Chemosphere vol.247, 2020; Mergeay M, Van Houdt R. Cupriavidus Metallidurans CH34, A Historical Perspective on Its Discovery, Characterization and Metal Resistance. FEMS Microbiol. Ecol. vol.97, 2021(2): 1-7; Maertens L, Leys N, Matroule J-Y, Van Houdt R. The Transcriptomic Landscape of Cupriavidus Metallidurans CH34 Acutely Exposed to Copper. Genes, 2020 (9):1049.

are often used to identify plants[1], enabled detection of the layer of plant-based material of sample P as evidence that plant-based materials had previously occupied the tomb. Meanwhile, tomb soil contained some plant-based materials derived from the local environment as a possible reason for why plant-based sequences comprised a large proportion of ITS OTU sequences. However, fungal DNA detected in high concentrations in L2, R3 and H samples was likely related to physical heights of sampling sites; the tomb plan depicted in Fig. 1 did not occupy a single plane, with sample H collected at a greater height than the other samples, while R3 was collected from the lowest site. L2 lay at the edge of the soil mass where the plant layer may have been lost from the collection site. Thus, some samples may have lacked plant-based material, leading to varying microbial community distributions that depended on soil depth.

With regard to sequences associated with specific fungal phyla, *Ascomycota* sequences were predominant among the nine samples, while *Penicillium*, *Lecanicillium*, *Cladosporium*, *Pseudogymnoascus* and *Blumeria* genera-associated sequences were predominant in most of the samples. Organisms belonging to these genera are relevant in that they have been shown to be prevalent in the soil and air of the tomb environment[2]. Importantly, other studies have also shown these groups of organisms to be associated with degradation of cultural relics, such as textiles, wood, lacquer

---

[1] Zhao H, et al. Application of rDNA-ITS Sequence Analysis Method in Medicinal Plants Research. Lishizhen Medicine and Materia Medica Research, vol.20, 2009: 959-962.

[2] Li Y, Huang Z, Petropoulos E, et al. Humidity Governs the Wall-Inhabiting Fungal Community Composition in a 1600-Year Tomb of Emperor Yang. Scientific Reports, vol. 10, 2020; Ma W X, Wu F S, Tian T, et al. Fungal Diversity and Its Contribution to the Biodeterioration of Mural Paintings in Two 1700-Year-Old Tombs of China. International Biodeterioration & Biodegradation, vol. 152, 2020; Vasanthakumar A, Dearaujo A, Mazurek J, et al. Microbiological Survey for Analysis of the Brown Spots on the Walls of the Tomb of King Tutankhamun. Int. Biodeterior. Biodegrad, vol.79, 2013: 56-63.

and bone[①] and thus may pose a threat to residual silk and wood relics present in the M88 tomb.

Most M88 tomb soil samples were enriched with plant-derived content (>75%) except for samples H (33.72%), L2 (13.97%) and R3 (0.27%). Richness and diversity of plant sequences differed between samples taken from neighboring sites (Fig. 1b and Fig. 10b), thus ruling out that laboratory air and the water used for maintaining tomb humidity contaminated the samples and compromised the validity of our results. Notably, Li et al. reported that past environmental change (6000-300 a. BP) has impacted the area that is now the Qujialing archaeological site, which is located less than 70 kilometers away from the M88 tomb[②]. Their results indicated that *Potentilla*, *Bistorta*, *Saussurea*, *Sibbaldianthe*, *Poa*, *Euphrasia* and *Euphorbia* were main plant genera that inhabited the ancient environment during 4200-300 a. BP. Similarly, DNA of these plant genera was also detected in our tomb samples, indicating that most plants detected in the tomb may have existed in the ancient environment at the time the tomb was buried. In addition, most samples were enriched with *Hippophae* DNA, especially sample S which contained visible traces of residual silk. This plant species usually lives in relatively dry areas including areas within North,

---

① Blanchette R A. A Review of Microbial Deterioration Found in Archaeological Wood from Different Environments. International Biodeterioration & Biodegradation, 2000(3):189-204; Turner-Walker G. The Chemical and Microbial Degradation of Bones and Teeth. In Advances in Human Palaeopathology. R. Pinhasi & S. Mays, Eds., John Wiley & Sons, Ltd., 2008; Abdel-Azeem A M, Held B W, Richards J E, et al. Assessment of Biodegradation in Ancient Archaeological Wood from the Middle Cemetery at Abydos, Egypt. Plos One, vol.14, 2019: 1-17.

② Li Y G, Hou S F, Mo D W. Records for Pollen and Charcoal from Qujialing Archaeological Site of Hubei and Ancient Civilization Development. Journal of Palaeogeography, vol.11, 2009: 702-710.

Northwest and Southwest China[1]. However, Hubei is a region in Central China that has always had abundant rainfall (even in ancient times), implying that *Hippophae* was brought to the tomb site from other regions. Currently, *Hippophae* is an ingredient used to make yellow dye[2], a fact that aligns with our findings that *Hippophae* was the most abundant DNA detected in silk residues of tomb M88 and suggesting that *Hippophae* was used to dye the clothes of the tomb owner. Nevertheless, no documented record exists that describes use of *Hippophae* to make dye in ancient China, warranting additional research to investigate this possibility. Meanwhile, *Geranium* sequence representation in P exceeded that of the other samples and, when considered together with SEM-EDS results showing sample P had a paper-like structure comprised of plant leaves, suggesting that *Geranium* leaf was the major constituent of sample P. Previous studies had illustrated that ancient DNA could be derived from archaeologically relevant plants, as found here, emphasizing the potential value of DNA sequencing technology for plant archaeological investigations. However, our results require further verification, since tomb M88 was exposed to the environment for a long period of time leading to possible tomb infiltration by modern plant species that may have compromised our results.

Conclusions

Here we found evidence of residual silk and plant-based leaf material in tomb M88. Analysis of microbiome profiles of microbial

---

[1] Pundir S, Garg P, Dviwedi A, et al. Ethnomedicinal Uses, Phytochemistry and Dermatological Effects of Hippophae Rhamnoides L.: A Review. Journal of Ethnopharmacol, vol.266, 2021: 113434.

[2] Ciesarová Z, Murkovic M, Cejpek K, et al. Why is Sea Buckthorn (Hippophae Rhamnoides L.) So Exceptional? A Review. Food Research International, vol.133, 2020: 109170.

populations revealed that re-established microbial communities could induce biodeterioration of residual relics. Thus, further valuable information for protecting tomb relics can be obtained via laboratory analysis. In addition, tomb soil plant community profiles yielded valuable archaeological clues to the identities of plant species present in the ancient environment when the tomb was buried. Finally, our results support use of high-throughput sequencing identifies ancient plant genomes present at archaeological sites.

Materials and Methods

Site description and soil sampling

The soil mass cut from tomb M88 had dimensions of 220 cm × 101 cm and a depth of 40 cm. Excavated tomb soil was maintained in a stable environment with high humidity to prevent cracking. Nine soil samples collected from the soil mass are described in Fig. 1. Soil samples L1, L2, L3, R1, R2 and R3 were symmetrically shaped and contained no visible residual sediments related to the tomb. They were collected at a depth of 3 cm to avoid contamination with environmental microorganisms. Samples were also collected from residual relics to provide information about the tomb owner, as follows: sample H was collected from the predicted location of the occupant's headwear (the head area of Mike), sample S was collected from a relic with an obvious fabric imprint (Fig. 2), and sample P contained material with paper-like consistency appearing as stripes (Fig. 3).

Molecular analyses

High-throughput sequencing analysis

Total genomic DNA samples were prepared from soil samples after DNA extraction using HiPure Soil DNA Kit (Magen, Guangdong, China) according to the manufacturer's instructions. High-throughput sequencing was conducted by GENEWIZ (Jiangsu, China). V3 and V4 hypervariable regions of prokaryotic 16S rDNA were selected for generation of amplicons that were subjected to subsequent taxonomic analysis, with amplicon regions amplified using the forward primer "CCTACGGRRBGCASCAGKVRVGAAT" and the reverse primer "GGACTACNVGGGTWTCTAATCC". The ITS2 hypervariable region of eukaryotic ITS rDNA was targeted to generate amplicons for subsequent taxonomic analysis, with the ITS2 region amplified using forward primer containing sequence "GTGAATCATCGARTC" and reverse primer containing sequence "TCCTCCGCTTATTGAT". PCR reactions were performed in triplicate in a 25-μL mixture containing 2.5 μL of TransStart Buffer, 2 μL of dNTPs, 1 μL of each primer and 20 ng of template DNA. DNA library concentrations were validated and quantified using a Qubit 3.0 Fluorometer (Thermo Fisher, USA) and then each was adjusted to a concentration of 10 nM. Next, DNA libraries were multiplexed and loaded on an Illumina MiSeq according to the manufacturer's instructions (Illumina, San Diego, CA, USA). Paired-end sequencing was performed followed by image analysis and base calling that were conducted using Control Software provided with the instrument.

The QIIME data analysis package was used for 16s and ITS rRNA data analysis. Forward and reverse reads were joined and assigned to samples based on sequence-associated barcodes and then assembled sequences were truncated by removal of barcode and primer sequences. Quality filtering of joined sequences was performed and sequences which did not fulfill the following criteria were discarded: sequence length < 200 bp, no ambiguous bases, mean quality score ⩾ 20. Next, the sequences were compared to sequences in the reference database (RDP Gold database) using the UCHIME algorithm to detect chimeric sequences followed by their exclusion from further analysis. Remaining sequences were grouped into operational taxonomic units (OTUs) using the clustering program VSEARCH (1.9.6) against the Silva database for 16s sequences and the UNITE ITS database (https://unite.ut.ee/) for ITS sequences based on a 97% sequence identity cut-off threshold. The Ribosomal Database Program (RDP) classifier, which predicts taxonomic category down to the species level, was used to assign taxonomic categories to all OTUs using a confidence threshold of 0.8. Unclassified sequences identified using Silva and UNITE databases were also aligned against the NCBI database using the same similarity threshold. Alpha diversity indexes, such as ACE, Shannon, Chao1 and Simpson indices, were calculated to assess community diversity and enrichment of microorganisms. Beta diversity was calculated using weighted and unweighted UniFrac analysis. Based on Bray-Curtis distances and results of principal coordinates analysis (PCoA), UPGMA (unweighted pair group method with arithmetic mean) clustering trees were constructed for the different samples.

Enzyme linked immunosorbent assay (ELISA) analysis

Silk fibroin from samples S and P were extracted using an extraction solution consisting of $CaCl_2$, H_2O and C_2H_5OH (in a molar ratio of 1 : 8 : 2). Anti-silk fibroin antibody was provided by the China National Silk Museum and used for indirect ELISAs.

pH measurement

Samples L1 and L3 were each dried to constant weight and then were ground with a mortar and pestle. Each mixture containing 1 g of soil and 5 g of H_2O was stirred for 3 min and allowed to stand for 30 min. Next, pH electrodes (Mettler Toledo S210-K, Swiss Confederation) were inserted into the supernatant and the pH value was recorded. Each sample pH was measured 3 times and the soil from the top layer of the soil mass was selected as the control.

Digital microscopy and SEM-EDS analysis

Micro-morphological characteristics of samples S and P were observed using an Ultra-Depth Three-Dimensional Microscope, DVM6 (Leica, Germany) and then sample P was examined by SEM using a Quattro S device (Thermo Fisher, USA) equipped with a backscattered electron detector (BSED) and energy-dispersive spectroscopic (EDS) probe. Each specimen was analyzed in low-vacuum mode using an accelerating voltage of 5 kV for SEM and 15 kV for EDS.

Acknowledgments

We thank Ma Qinglin, Institute of Cultural Heritage, Shandong University for his help and continuous support. We also thank Zheng Hailing, China National Silk Museum for her help and support in ELASA analysis. This work was supported by the China Postdoctoral Science Foundation (2019M662390), the Shandong Provincial Natural Science Foundation, China (ZR2020QC045).

Author contributions

Zhu Lei and Fang Qin contributed to the collection of the samples, prepared figures and reviewed drafts of the paper. Li Tianxiao contributed to study design and paper preparation, data analysis and wrote the main manuscript.

Competing interests

The authors declare no competing interests.

（原载于 *Heritage Science* 2022年第10期）

· 检 测 ·

湖北京山苏家垄墓葬M88出土纺织品印痕检测报告

郑海玲

中国丝绸博物馆，杭州，310002

图1　苏家垄遗址88号墓出土纺织品

本测试基于从山东大学提取的4个样品（表1），其中包括3个土壤样品和1个其他样品，采样时间为2019年11月14日。

一、样　　品

表1　样品清单

序号	描述备注	标本照片	检测结果
1	M88②E33N62017SJL		检测到蚕丝蛋白
2	M88②E32N52017SJL		检测到蚕丝蛋白
3	M88⑤E8N42017SJL		检测到蚕丝蛋白
4	M88⑤E33N102017SJL		需进一步分析

二、分析方法与仪器

测试方法包括形貌观察和酶联免疫吸附试验。利用形貌观察对织物印痕进行观察，利用酶联免疫技术鉴定纤维材质是否为桑蚕丝。

（一）形貌观察

采用日本，基恩士三维视频显微镜，对织物组织结构进行观察，采集放大倍数为20倍到200倍的图像。

（二）酶联免疫吸附试验

称取毫克级文物样品和现代丝绸，用氯化钙、水、乙醇混合液（摩尔比为1∶8∶2）进行丝素蛋白的提取。利用自制的桑蚕丝抗体，进行间接 ELISA 检测。

（三）测试结果

1号样品

标本照	标本细节图
组织结构图（×20）	组织结构图（×50）

印痕组织：表面印痕凹陷较饱满，似平纹组织状连续排布。

	OD值	AVE	SD	CUT-OFF
PBS	0.205	0.219	0.0097	0.3436
	0.226			
	0.221			
	0.225			
阳性对照	1.000	1.022	0.0195	
	1.031			
	1.036			
文物样品	0.452	0.467	0.028	
	0.499			
	0.449			

左表中ELISA结果显示文物样品的AVE/PBS的CUT-OFF＞1，样品呈阳性，表明该样品的纺织品印痕中含有丝绸残留物，显示该印痕的纤维材质为桑蚕丝。

2号样品

标本照 　　　　　　　　　标本细节图

组织结构图（×30） 　　　组织结构图（×50）

印痕组织：表面印痕凹陷较饱满，似平纹组织状连续排布。从可见印痕来看，似有多种不同密度的平纹结构，较清晰的一处经密约80根/cm，纬密约45根/cm。

	OD值	AVE	SD	CUT-OFF
PBS	0.205 0.226 0.221 0.225	0.219	0.0097	0.3436
阳性对照	1 1.031 1.036	1.022	0.0195	
文物样品	0.552 0.507 0.525	0.528	0.023	

左表中ELISA结果显示文物样品的AVE/PBS的CUT-OFF＞1，样品呈阳性，表明该样品的纺织品印痕中含有丝绸残留物，显示该印痕的纤维材质为桑蚕丝。

3号样品

标本照

标本细节图

组织结构图（×30）

组织结构图（×50）

	OD值	AVE	SD	CUT-OFF
PBS	0.205 0.226 0.221 0.225	0.219	0.0097	0.3436
阳性对照	1 1.031 1.036	1.022	0.0195	
文物样品	0.452 0.499 0.449	0.473	0.041	

左表中ELISA结果显示文物样品的AVE/PBS的CUT-OFF＞1，样品呈阳性，表明该样品的纺织品印痕中含有丝绸残留物，显示该印痕的纤维材质为桑蚕丝。

4号样品

标本照

标本细节图

组织结构图（×20）

组织结构图（×30）

三、结　　论

通过对土壤样品表面印痕的形貌分析可知，印痕织物有多种不同密度的平纹结构。利用酶联免疫技术对其纤维材质进行鉴定，发现印痕织物的材质为桑蚕丝。说明M88中曾有丝织品存在，埋藏环境使其老化降解，只留下了印痕。

湖北京山苏家垄墓葬 M88 土样样品分析报告

姚 娜

北京科技大学，北京，100083

一、样　　品

M88 墓地出土未知样品。

二、分 析 方 法

超景深三维视频显微镜，扫描电镜能谱仪，显微共聚焦拉曼光谱，扫描电镜能谱仪分析，热裂解气相色谱质谱。

三、实验结果与讨论

（一）超景深三维视频显微镜分析

纸张否定：放大到 1000 倍也未看到纸张纤维结构，考古发掘最早纸张出现于西汉时期，此样品为西周至春秋战国时期出土，未曾发明纸张，所以不可能是纸张。

纹理解释：多层，均可看到纹理，也有折叠痕迹，肉眼看不到，放大 100 倍可以看清楚，西周至春秋战国时期人工技艺可能还未达到此高度，猜测纹理可能不是人工所致，可能是材料天然本身特性（图 1～图 11）。

图1　M88样品a面显微镜照片（×30）

图2　M88样品a面显微镜照片（×100）

图3　M88样品a面显微镜照片（×500）

图4　M88样品a面显微镜照片（×500）

图5　M88样品a面显微镜照片（×1000）

图6　M88样品b面显微镜照片（×30）

图7　M88样品b面显微镜照片（×100）

图8　M88样品b面显微镜照片（×500）

图9　M88样品b面显微镜照片（×500）

图10　M88样品b面显微镜照片（×500）

图11　M88样品b面显微镜照片（×1000）

（二）显微共聚焦拉曼光谱分析

拉曼检测红色颜料颗粒为朱砂，检测结果与数据库中朱砂对比结果如图12所示，完全吻合。

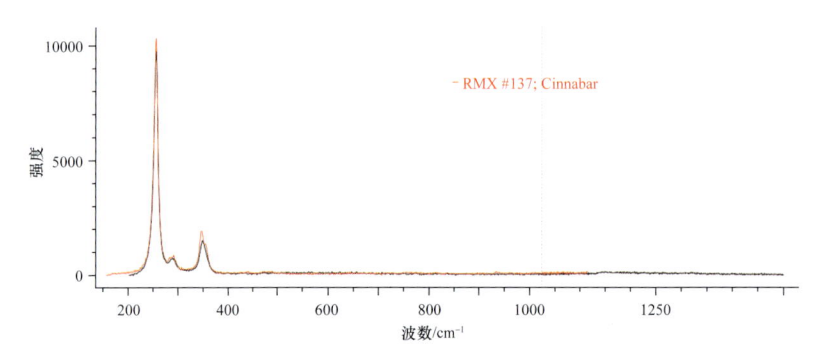

图12　拉曼光谱分析样品红色颜料谱图

（三）扫描电镜能谱仪分析

利用扫描电镜能谱对样品成分进行分析，Al和Si的含量较高，应为高岭土，为样品污染物，其次含量较高为Hg，是红色颜料朱砂里的，与拉曼结果吻合，另外，有低含量Fe，推测可能是在埋葬过程中有与含Fe金属物质接触所致，因为其含量太低，不是Fe的锈蚀产物。整体看，O和C含量非常高，此样品是有机物材质（图13）。

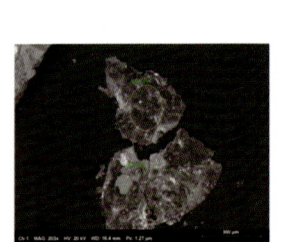

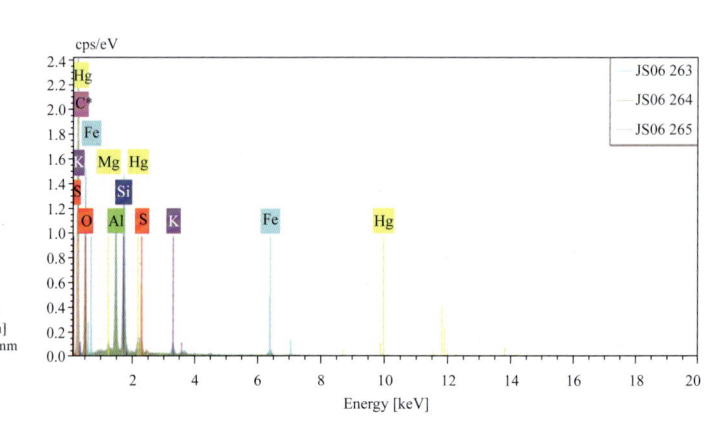

归一化化学当量百分比 [%]

Spectrum	C	O	Na	Mg	Al	Si	S	K	Ca	Fe	Hg
JS06 263		54.4		1.1	15.9	20.8		3.0		4.8	
JS06 264	0.0	54.1		1.1	9.5	16.3	2.8	1.3		5.2	9.6
JS06 265	0.0	49.4	0.5	1.0	11.0	16.4	2.3	2.6	1.2	5.1	10.5
Mean	0.0	52.6	0.5	1.1	12.2	17.9	2.6	2.3	1.2	5.0	10.1
Sigma	0.0	2.8	0.0	0.1	3.3	2.6	0.4	0.9	0.0	0.2	0.6
SigmaMean	0.0	1.6	0.0	0.0	1.9	1.5	0.2	0.5	0.0	0.1	0.4

图13　扫描电镜能谱分析结果

（四）热裂解气相色谱质谱分析

热裂解气相色谱质谱（图14、图15；表1、表2）检测到物质归类如下：

① 碳10至碳33一系列的烯烃和烷

② 三萜物质，无羁萜酮，未知三萜物质

③ 甲基化试剂后检测到$C_{17}H_{34}O_2$，$C_{21}H_{42}O_2$，$C_{23}H_{46}O_2$……$C_{33}H_{66}O_2$

④ 茚，萘

⑤ 三甲氧基苯，四甲基苯酚，甲基苯

⑥ 含N化合物，Phenol, 3-（dimethylamino）-, 2-Hydroxy-2-phenyl-N-（1-phenyl-ethyl）-acetamide，1H-1Indole，5-methoxy-2-methyl-0

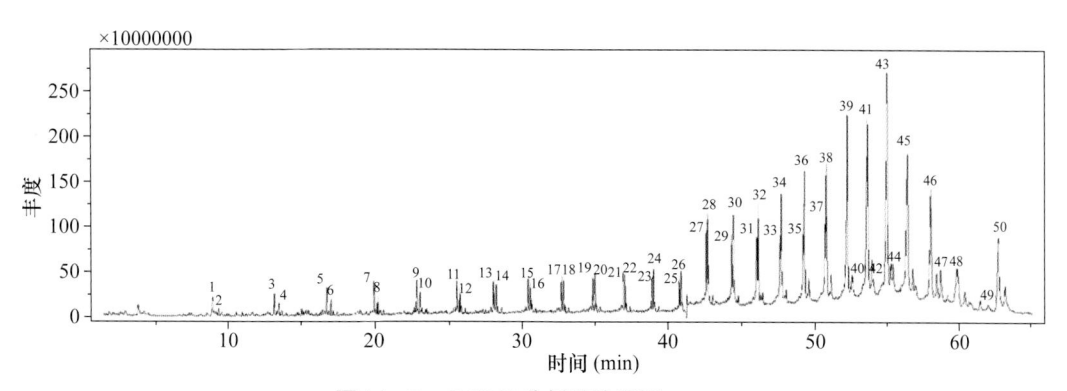

图14 Py-GC/MS分析总流程图

表1 Py-GC/MS分析化合物

序号	保留时间（min）	主要离子	对应化合物	分子式
1	8.7	56, 70, 83, 111, 140	1-Decene	$C_{10}H_{20}$
2	9.17	57, 71, 85, 142	Octane, 3, 5-Dimethyl-	$C_{10}H_{22}$
3	13	55, 69, 83, 111, 154	1-Undecene	$C_{11}H_{22}$
4	13.32	57, 71, 85, 156	Undecane	$C_{11}H_{24}$
5	16.59	4, 1, 55, 83, 111, 168	1-Dodecene	$C_{12}H_{24}$
6	16.86	57, 71, 85, 170	Dodecane	$C_{12}H_{26}$
7	19.75	55, 83, 111, 182	1-Tridecene	$C_{13}H_{26}$
8	20	57, 71, 85, 184	Tridecane	$C_{13}H_{28}$
9	22.65	43, 55, 83, 111, 196	1-Tetradecene	$C_{14}H_{28}$
10	22.87	57, 71, 85, 198	Tetradecane	$C_{14}H_{30}$

续表

序号	保留时间（min）	主要离子	对应化合物	分子式
11	25.34	43，55，83，111，125，210	1-Pentadecene	$C_{15}H_{30}$
12	25.54	57，71，85，99，212	Pentadecane	$C_{15}H_{32}$
13	27.87	43，55，83，111，125，224		$C_{16}H_{32}$
14	28.05	57，71，85，99，226	Hexadecane	$C_{16}H_{34}$
15	30.27	43，55，83，111，125，238	1-Heptadecene	$C_{17}H_{34}$
16	30.43	57，71，85，99，240	Heptadecane	$C_{17}H_{36}$
17	32.54	43，69，83，97，111，139，252	1-Octadecene	$C_{18}H_{36}$
18	32.69	57，71，85，99，113，254	Octadecane	$C_{18}H_{38}$
19	34.71	43，57，85，113，266	1-Nonadecene	$C_{19}H_{38}$
20	34.85	57，71，85，99，113，127，268		$C_{19}H_{40}$
21	36.78	43，55，97，111，125，280		$C_{20}H_{40}$
22	36.91	57，71，85，99，127，282	Eicosane	$C_{20}H_{42}$
23	38.75	43，57，97，111，125，294	Henicos-1-ene	$C_{21}H_{42}$
24	38.87	57，97，111，125，296	Heneicosane	$C_{21}H_{44}$
25	40.64	43，57，97，111，125，308	1-Docosene	$C_{22}H_{44}$
26	40.76	57，71，99，113，127，310	Docosane	$C_{22}H_{46}$
27	42.46	43，57，97，111，125，322	9-Tricosene	$C_{23}H_{46}$
28	42.56	57，71，85，99，113，127，324		$C_{23}H_{48}$
29	44.2	43，57，97，111，230，336	n-Tetracosanol-1	$C_{24}H_{50}O$
30	44.3	57，85，99，127，338	Tetracosane	$C_{24}H_{50}$
31	45.88	43，57，97，111，125，350	Z-12-Pentacosene	$C_{25}H_{50}$
32	45.97	57，71，85，127，352		$C_{25}H_{52}$
33	47.49	43，57，97，111，125，364	1-Hexacosanol	$C_{26}H_{52}$
34	47.58	57，71，85，127，366	Hexatriacontane	$C_{26}H_{54}$
35	49.05	43，57，97，111，139，153，378	Hexadecanedinitrile	$C_{27}H_{54}$
36	49.13	57，71，85，127，380		$C_{27}H_{56}$
37	50.56	57，71，85，127，392		$C_{28}H_{56}$
38	50.63	57，71，85，127，394		$C_{28}H_{58}$
39	52.1	57，71，85，111，127，408	Nonacosane	$C_{29}H_{60}$
40	52.45	57，71，92，133，386	未测出	
41	53.5	57，71，97，111，420，422	Triacontane	$C_{30}H_{62}$
42	53.91	57，71，92，133，400	未测出	
43	54.87	57，71，97，111，436	Hentriacontane	$C_{31}H_{64}$
44	55.28	57，71，92，126，362，414	未测出	

续表

序号	保留时间（min）	主要离子	对应化合物	分子式
45	56.25	43, 57, 97, 111, 125, 153, 448, 450	Dotriacontane	$C_{32}H_{66}$
46	57.87	43, 57, 97, 111, 125, 153, 464		$C_{33}H_{68}$
47	58.57	57, 92, 133, 442	未测出	
48	59.73	57, 71, 85, 111, 125, 476, 478		$C_{34}H_{70}$
49	61.37	69, 109, 163, 205, 246, 273, 302, 426	Friedelan-3-one	
50	62.67	69, 109, 163, 205, 246, 273, 302, 426	Friedelan-3-one	

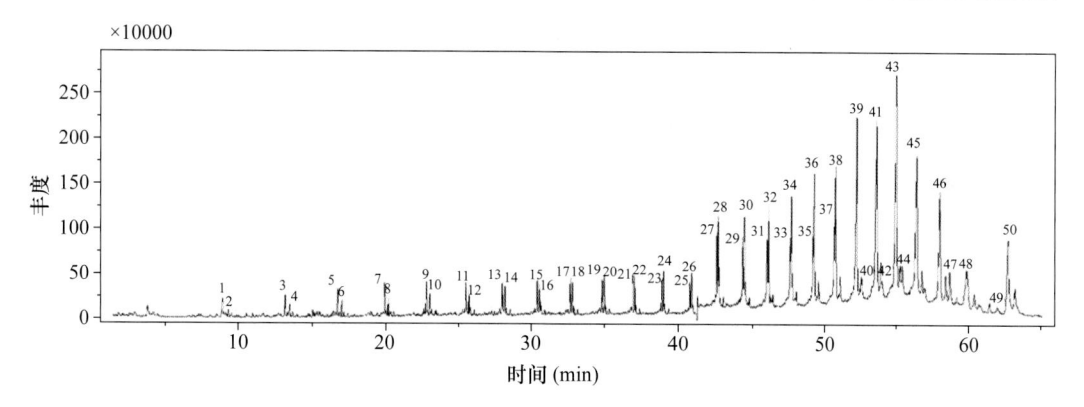

图 15 TMAH-Py-GC/MS 分析总流程图

表 2 TMAH-Py-GC/MS 分析化合物

序号	保留时间（min）	主要离子	对应化合物	分子式
1	3.37	41, 55, 70, 83, 111, 140	1-Decene	$C_{10}H_{20}$
2	4.08	55, 69, 83, 111, 154	1-Undecene	$C_{11}H_{22}$
3	4.58	51, 77, 91, 117, 130, 148	1-Phenyl-Cyclopropanemethanol	
4	4.85	4, 1, 55, 83, 111, 168	1-Dodecene	$C_{12}H_{24}$
5	5.59	41, 55, 83, 111, 182	1-Tridecene	$C_{13}H_{26}$
6	6.35	91, 135, 150	Durenol	
7	6.56	43, 55, 83, 111, 196	1-Tetradecene	$C_{14}H_{28}$
8	6.75	69, 79, 125, 139, 168	Benzene, 1, 3, 5-Trimethoxy-	
9	7.35	69, 121, 139, 151, 167, 182	Benzene, 1, 3, 5-Trimethoxy-2-Methyl-	
10	7.43	43, 55, 83, 111, 125, 210	1-Pentadecene	$C_{15}H_{30}$
11	8.28	43, 55, 83, 111, 125, 224		$C_{16}H_{32}$
12	9.11	43, 55, 83, 111, 125, 238	1-Heptadecene	$C_{17}H_{34}$
13	9.9	43, 69, 83, 97, 111, 139, 252		$C_{18}H_{36}$
14	10.69	43, 57, 85, 113, 266		$C_{19}H_{38}$

续表

序号	保留时间（min）	主要离子	对应化合物	分子式
15	10.87	43, 74, 87, 143, 227, 270	Hexadecanoic acid, methyl ester	$C_{17}H_{34}O_2$
16	11.36	43, 55, 97, 111, 125, 280		$C_{20}H_{40}$
17	12.05	43, 57, 97, 111, 125, 294	Henicos-1-ene	$C_{21}H_{42}$
18	12.71	43, 57, 97, 111, 125, 308	1-Docosene	$C_{22}H_{44}$
19	13.34	43, 57, 97, 111, 125, 322	9-Tricosene	$C_{23}H_{46}$
20	13.54	74, 87, 143, 227, 283, 326	Eicosanoic acid, methyl ester	$C_{21}H_{42}O_2$
21	13.99	43, 57, 97, 111, 230, 336		$C_{24}H_{50}O$